위험
사회

위험사회

세월호
가습기 살균제
최순실 게이트까지

왜
대한민국의
위기는
반복되는가?

· 조재형 지음

에이지21

프롤로그

우리는 어떻게 안전한 사회로 갈 수 있는가?

지난 10년을 돌아보면 나라의 위험이 얼마나 커지고 있는지를 한눈에 알아볼 수 있을 정도로 대한민국의 상황은 나빠지고 있다. 가계 부채가 1997년 말 211조 원이었던 것이 2017년 초에 자영업자 부채를 포함해 1,400조 원을 넘어섰다. 20년 만에 20배 가까이 늘어났다. 서민의 가계 소득이 105만 원 늘 때 부채는 203만 원 늘었고, 국민 자살률은 하루 38명으로 OECD 회원국 중 1위다. 여기에서 그치지 않고 노인 빈곤율 1위, 신생아 수는 1년 전보다 7.3% 감소해 역대 최저 수준으로 나타나고 있다.

이뿐만 아니라 노동자의 노동 시간은 두 번째로 길고 수면 시간은 가장 짧으며, 비정규직 노동자는 전체 노동자의 43.6%인 839만 명에 이른다. 더욱 안타깝게도 청년층 비정규직은 6년 만에 10%나 증가해 64%가 되었다. 이에 국제노동조합총연맹ITUC의 국제 노동자 권리 조사에서 한국은 3년 연속 최하위인 5등급, 고용 불안은 OECD 국가 중 최악의 수준으로 나타났다.

2016년 개봉한 영화 〈터널〉은 재난으로 고립된 사람들의 사투를 보여주는 생존극으로 세월호 참사로 드러난 '재난을 둘러싼 사회적 반응'을 여실히 묘사했다. 세월호 사건을 통해 전 국민이 학습했던 국가와 사회의 민낯을 영화를 통해 적나라하게 보여준 것이다. 부실공사, 공사비 빼먹기, 선정적 보도, 보여주기식 구조, 의전 챙기기, 비전문적 구조 활동, 경제 논리와 피로감을 내세워 구조를 중단하려는 정부, 그리고 피해자를 파렴치한으로 매도하는 여론몰이 등이 그렇다. 해상 사고가 이념 대립으로 치닫는 모습도 안타까운 일이다.

우리는 이 영화를 통해 언제 어디에서나 위해에 노출되어 있고 사회가 시스템적으로 충분히 보호해주지 못하는 환경임을 깨달았으며, 대한민국 사회가 얼마나 위험에 취약한가를 다시 한 번 생각하게 되었다. 실제로 세월호 사건 이후 국민안전처가 신설되고 2년이 경과하면서 많은 안전 조치가 이루어졌지만 국민이 체감하는 안전은 개선되지 않고 있는 것이 현실이다.

문제는 이러한 사건을 지켜봐온 시민의 생각이다. 지금까지 수행된 많은 리스크 연구는 위험에 대한 시민의 지각이 위험의 과학적 평가와 일치하지 않는다는 증거를 확인해왔다. 실제로 우리는 과거의 많은 경험을 통해 건강을 위협하는 위험 요인에 시민이 실제적 위험보다 과다한 공포를 보이거나, 때로는 공포를 덜 느끼는 것을 목격해왔다. 결국 위험에 대한 시민의 오지각misperception은 효과적이고 성공적인 위험 통제를 방해하는 주요 요인일 수밖에 없다.

미국의 저널리스트 월터 리프먼Walter Lippmann은 〈여론Public Opinion〉에서 실제 세계와 우리가 인식하는 주관적 세계와의 관계를 날카롭게 분석했다. 리프먼은 우화를 통해 왜 위험 요인의 통제에서 객관적, 실재적 위험 못지않게 위험에 대한 사람들의 주관적 지각을 고려해야 하는지를 제시했다. 위험에 대한 사람들의 주관적 지각은 위험에 대한 태도적, 행동적 반응과 매우 높은 상관관계가 있기 때문이다.

2008년 미국산 소고기 수입으로 촛불 시위가 발생하자 정부는 수입 소고기의 안전성을 수없이 설명했으나, 대다수 국민은 정부나 전문가의 안전성 설명을 믿지 않았고 그만큼 혼란은 가중됐다. 전문가의 객관적 위험과 시민의 주관적 위험이 충돌한 것이지만 정부의 거짓말이 국민의 신뢰를 저버린 점도 파동의 중요 원인이었다. 2011년부터 시작된 가습기 살균제 사건의 과정과 결과는 가히 충격적이라 할 수 있다.

우리는 그동안 너무 많은 부분을 과학기술에 기대하여 그 폐해에는 너그러웠다. 사회 전체가 마치 알코올 중독자처럼 움직이는 사회를 빗댄 〈중독사회When Society Becomes an Addict〉의 발간으로 화제를 모았던 앤 윌슨 섀프Anne Wilson Schaef는 이미 30년 전에 인류가 발달시킨 과학기술과 수학 등으로 야기된 중독이나 중독 시스템으로 지구 전체가 파괴되고 있다며 세심한 주의를 촉구했다. 더구나 물질주의 시스템은 매우 에너지 소모적이고 파괴적이어서 이를 방치할 경우 인류의 미래는 없다며 사회의 분발과 개선을 요구했다.

조직 내부에도 수많은 위험이 상존한다. 필자는 20여 년 동안 PR에이전시에서 수백 건의 고객사 자문 일을 수행하면서 다양한 위험을 다뤄왔다. 기업이 위험에 당면할 때 가장 큰 문제는 소비자 입장에서 문제를 보지 않고 조직의 시각으로만 본다는 점이다. 내부 전문가 의견만 듣고 '문제는 없겠지' 하는 낙관적 편견에 빠져 안이한 대처로 돌이킬 수 없는 사태를 불러일으킨 사건이 수없이 많았다. 그리고 창업주와는 다르게 태어난 2세, 3세들의 전횡과 훼손된 기업가정신, 자기성찰이 없는 제왕적 사고로 위험에 빠지는 상황도 많이 목격했다.

　독일의 사회학자 울리히 벡Ulrich Beck은 과학기술의 무한질주가 글로벌 위험사회를 자초했다고 지적했다. 이를 해결하려면 성찰적 근대화의 길을 가야 한다고 주장했는데, 이는 과학에 내재된 물질적 욕망을 관리하고 사회와 소통해야 한다는 뜻이다. 즉 위험을 만든 조직이 위험으로 고통받는 대중의 의견을 경청하고, 바른 정보를 제공하며, 피해를 최소화하려는 노력이야말로 조직과 시민 모두에게 꼭 필요하다는 것이다.

　그동안 경험한 많은 실무 사례를 정리하고 간과했던 부분을 보완하면서 얻은 인사이트를 공유하고자 이 책을 썼다. 특히 박사 과정에서 공부했던 위험 커뮤니케이션 이론들이 책의 구성과 개념 정립에 큰 도움이 되었다. 주위에는 괴소문의 난립과 어수선한 시류에 휩쓸려 낭패를 본 사람이나 회사가 많았기에 위험이나 위기를 어떻게 인식하고 무엇을 해야 하는지 그들의 시각에서 정리하려고 노력했다.

　혼란스러운 사회를 지혜롭게 살아가는 방도는 무엇일까?

　명확한 답을 찾기는 어렵다. 과정을 통해서 지혜롭게 대처해야 한다. 그래서 1장에서는 현실의 다양한 위기 현상을 제기하고 그 이유를 분석했다. 2장에서는 왜 우리는 점점 위험해지는지 위기가 확산되는 여러 원인을 분석했다. 3장에서는 국내외 기업과 정부의 사례 분석을 통해 사회적 위험 극복 방안을 알아보았다. 마지막 4장에서는 개인을 중심으로 위험에 대응하는 방안을 제시했다.

이를 통해 2014년 세월호 사건, 2015년 메르스 사태, 가습기 살균제 사건, 2016년 최순실 게이트에 이르기까지 반복되어 나타나는 일련의 사건사고의 반복을 최소화하고 지혜롭게 사태에 대응하는 방법을 나누고자 한다.

차례

1장

위험한
사회학

1

위험사회론

한국 사회는 하루가 멀다 하고 벌어지는 대형 사고와 함께 지나친
빈부 격차, 정의와 공평의 부재, 공권력의 사유화 등 끝이 보이지
않는 총체적 '위험사회'가 되고 있다. 위험은 설마를 기다리지 않는
다. 울리히 벡이 1986년 구소련 체르노빌 원전 사고를 배경으로 쓴
〈위험사회Risk Society〉는 고도로 발달한 서구 과학기술의 위험성에 대
한 문제 제기로 관심을 불러일으켰다. 그의 이론에 힘입어 생화학
무기나 원자력 발전 같은 인류 공동의 문제에 관심을 기울이는 사
회학적 관점의 전환이 탄력을 받았다. 지금 우리 한국의 경우가 딱
그 시점과 유사하다.

  그렇다면 왜 사람들은 현대 사회에 위험이 더 많아졌다고 느끼
는 것일까? 그 이유는 지식 세계의 발달과 비자발적 위험의 증가에
서 찾아야 한다. 지식이 발달하고 과학을 통해 위험의 근원을 자세

히 알게 됨에 따라 사람들은 예전에 알지 못했던 위험을 인식하게 되었다. 더 문제가 되는 것은 이러한 위험들, 특히 건강이나 생활에 영향을 줄 수 있는 요소들이 자발적인 참여에 의해 이루어지는 것이 아니라, 자신도 모르는 사이에 위험 요소로 작용하고 있다는 것을 인식하게 된 것이다.

민주주의 발전과 함께 사람들은 자신의 의사와 무관하게 이루어지는 결정들의 위험에 참을 수 없게 됐으며, 그것이 더더욱 위험 요소로 다가올 때는 행동이나 저항에 나서고 있다. 이는 객관적 위험의 양이나 질이 얼마만큼 변했는지 정확하게 밝혀진 것이 없지만 과학의 발전과 산업화로 비자발적 위험 요소를 훨씬 더 많이 알게 된 것이 사실이고, 사회의 민주화로 비자발적 위험에 사람들의 적극적인 대응이 현대 사회가 안고 있는 위험 지각의 요체라 할 수 있다.

여기서 문제는 전문가의 의견이 대부분 일치하지 않는다는 것이며, 서로의 합의를 이루어내지 못하면 오히려 혼란을 가중시킬 가능성이 많다는 것이다. 또한 대부분의 전문가는 이해당사자의 의견과 연계되는 경우가 많고 이해 공중, 전문가, 규제 기관, 위험 주체 등의 주장이 복합적으로 여론 시장에서 경쟁한다. 결국 커뮤니케이션을 통해 사회 구성원 간의 합의를 유도하는 일은 위험 인식과 관련해서 매우 중요한 요소가 되었다.

전문가 의견이 편견에 사로잡혀 있다는 것을 사람들이 인식하게 되고, 특히 전문가의 지식이 일반인과 큰 차이를 보이지 않을 수도 있다는 것을 안 마당에 어떤 권위에 의한 문제 해결보다는 커뮤니케이션을 통한 문제 해결이 없다면 현대 사회의 위험 문제는 해결 방법을 찾기 어렵다. 현대 사회의 위험 문제를 해결하기 위한 커뮤니케이션의 역할은 전문가와 일반인의 소통을 중심으로 관련된 모든 대중이 공공 영역을 형성해 함께 논의함으로써, 사회 위험 문제의 해결이 파편화된 전문 영역과 개인 영역을 어떻게 공공 영역으로 통합할 것인가의 문제로 모아지고 있다. 그러한 문제 해결의 핵심에 커뮤니케이션이 있다.

여기에서 위험의 의미를 따져봐야 한다. 위험의 의미는 매우 다양할 뿐 아니라 유사한 용어와 의미 구분이 모호한 채 사용되고 있다. 위험은 인간 스스로나 인간이 가치 있게 여기는 것에 위해를 가져오는 사물이나 상황, 세력 등으로 정의된다. 보통은 그 위험이나 손실이 발생할 가능성, 확률의 의미로 기술된다. 또한 위험은 관심 분야에 따라 매우 다양한 의미로 다뤄진다. 인지심리학자 폴 슬로빅Paul Slovic은 잠재적 손실에 노출된 사람의 인식 측면으로 정의하며, 경제학자는 경제적 이득과 손실의 불확실성, 사회학자는 '위해를 다루기 위한 사회적 과정 및 사회 체계'로 정의한다.

위험은 사회 맥락과 상관없이 갑자기 발생하는 것이 아니라 사회의 발전 과정과 밀접한 연관을 맺고 있기 때문에 사회학적인 논의가 필요하다. 울리히 벡은 이러한 위험사회를 뛰어넘기 위해 근대화의 과정에서 내렸던 경제 합리성 중심의 결정에서 벗어나 위험을 피할 수 있는 근대화의 근대화, 즉 성찰적인 근대화로 나아가야 한다고 주장했다. 과거에는 볼 수 없었던 역동성은 위험 문제를 근대의 특수한 시각에서 바라볼 것을 요구한다. 이는 또한 근대 사회가 산업 사회의 모순을 극복하지 못해서 위험 사회로 왔다는 차원에서 현대 사회가 위험사회라는 것을 의미한다.

비슷한 시각에서 독일의 사회학자 니클라스 루만^{Niklas Luhmann}은 근대 사회의 위험은 신뢰의 붕괴로 증폭되며, 이는 커뮤니케이션이 사회운동의 동력으로 작용했을 때 해결될 수 있다고 주장한다. 그에 따르면 체계는 정보로 구성되어 있고, 서로 상호의존하기 때문에 커뮤니케이션을 통해서만 생존 요건을 충족시킬 수 있다는 것이다. 그는 다음과 같이 주장한다.[1]

위험사회 문제를 해결하기 위해 정치는 보다 넓은 의미에서 종래의 비정치적인 영역을 정치화할 필요성을 가진다. 사회 운동을 위한 비영리, 비정부 조직의 활성화, 사회 문제에 적극적으로 개입하기 위한 시민 참여 조직의 활성화, 지역 문제 해결을 위한 지방자치 조직의 결성 등은 현대 사회의 위험 문제를 해결하기 위한 새로운 정치화의 가능성을 의미한다. 이러한 하위 정치 시대에는 정치 참여자와 조직 등이 종래의 제도적인 정치와는 확연히 다르게 된다. 이 논의에서도 중요한 것은 커뮤니케이션이다. 결국 하위 정치의 발현도 커뮤니케이션을 통해서 가능하며, 하위 정치 조직을 통한 위험 문제의 해결도 커뮤니케이션을 통해서 가능하다. 결국 커뮤니케이션이 문제 해결의 중심이고 실천적인 내용이 된다.

위험사회가 산업 사회와 근본적으로 대비되는 영역인 기술과학에 대해서도 생각해 봐야 한다. 이제까지 경직된 사고에 의해 지배받아 온 과학에 대한 관념은 그것을 객관적인 대상으로 바라보려는 노력으로 해체되고 재구성되어야 한다. 과학의 권력화도 해체의 대상이다. 가장 적나라한 예는 황우석 줄기세포 사기 사건이다. 젊은 과학자들의 성찰에 의해서 과학이 이루어낸 허구를 무너뜨릴 수 있었으며, 대중은 과학과 전문가가 만들어낸 금기의 세계를 해체하여 담론화함으로써 비로소 위험사회의 주체로 등장하게 되었다. 황우석 사건을 계기로 과학과 기술, 산업화에 대한 대중의 주체적인 자각과 성찰, 그리고 과학의 오류 가능성과 권력의 작용을 밝혀내는 시도가 활발해질 것으로 기대할 수 있다.

위험성 관계가 불확실하다고 해서 위험하지 않다고 간주하는 행위가 얼마나 위험한지 보여주는 예가 광우병이다. 광우병은 소에게 고기, 곧 동물의 사체를 먹여서 발병했다. 풀을 먹고 살아야 하는 소에게 고기를 먹인 것은 인간의 탐욕 때문이다. 소를 빨리 키우고 무게를 늘려서 비싸게 팔고 젖소에게 최대한 많은 젖을 짜내어 이익을 늘리려고 양을 비롯한 동물의 사체를 갈아서 사료에 섞어 먹인 것이다. 학자들에 의하면 양에게는 두뇌의 신경그물얼개 조직이 스펀지 모양으로 구멍이 숭숭 뚫리는 스크래피scrapie라는 해면상뇌증이 있었는데, 그 양을 갈아 먹인 소에 옮겨서 광우병이 생겼다고 한다. 심지어 소의 사체도 갈아 먹였으니 소끼리 옮겨졌는데, 이는 사람에게 사람을 먹인 셈이다. 광우병 인자를 가진 소가 발병할 때까지는 시간이 상당히 걸리는데 그 사이 인간이 소를 먹으면 옮아서 변종 크로이츠펠드-야콥병Creutzfeldt-Jakob Disease, CJD, 이른바 인간광우병에 걸린다. 감염된 후 10~20년, 때로는 30년이 지나서 발병할 수 있으니 소고기를 먹고 나서 30년은 지나봐야 그 소고기가 문제가 없는지 안심할 수 있다.[2]

또한 호에넴서Hohenemser 등은 1986년 위험을 "위해 가능 물질로부터 육체적, 정신적, 경제적, 환경적 해를 입을 가능성probability of suffering Harm"이라고 보았다. 이화여대 김영욱 교수는 어떤 사안이 가져올 수 있는 부정적 충격의 정도와 그러한 일이 일어날 수 있는 가능성의 정도가 상호작용하는 것으로, 그 자체로 역설적이라고 정의했다. 그 이유로 사람들은 담배가 신체에 해로운 영향을 끼치며 해악이 발현될 가능성이 높다는 것을 알고 있으면서도 담배를 피움으로써 얻을 수 있는 편익 때문에 위험을 기꺼이 감수한다는 것이다. 따라서 위험은 분명 사람들에게 위해한 존재이기도 하지만, 위험이 가져올 수 있는 편익과 저울질해야 하는 동전의 양면과 같은 것이다.

위험은 상호작용으로
나타난다

위험을 정의 내릴 때 '위해, 재난, 피해' 등 흔히 우리가 위험이라는 말과 비슷하게 사용하는 단어들 때문에 혼란스러울 수 있다. 먼저 위험과 유사어로 가장 많이 사용되는 단어는 위해danger다.

독일의 사회학자 니클라스 루만에 따르면 위해는 인간의 의지와 무관하게 해를 입는 위험, 즉 타자 원인 귀속성을 갖지만 위험은 당사자의 결정으로 발생하는 위험, 즉 자기 원인 귀속성을 갖는 것으로 구분한다. 또한 유사한 의미로 재해hazard와 재난disaster이 있다. 두 단어는 주로 위험 또는 위기의 결과로 나타난 피해 상황을 말하는데 자연적 사건의 결과를 재해로, 인위적 사건의 결과를 재난으로 구분한다.

위험의 정의가 이렇게 복잡하듯 유형 역시 다양하다. 독일의 위험 연구학자 렌Renn은 위험 유형을 6가지 요인으로 구분했다.

①물리적 요인 : 이온화 방사능, 비이온화 방사능, 소음(산업, 오락 등), 운동에너지(폭발, 붕괴 등), 온도(화재, 과열, 급랭)

②화학적 요인 : 유독 물질, 발암 물질, 환경 오염 물질, 복합 혼합물

③생물학적 요인 : 진균류, 박테리아, 바이러스, 유전자 조작 식품GMOs, 다른 병원균

④자연의 힘 : 바람, 지진, 화산 활동, 가뭄, 홍수, 해일, 산불, 눈사태

⑤사회 : 커뮤니케이션의 재난. 테러와 사보타지, 폭력(범죄 행위), 굴욕, 폭도화, 낙인, 인간 생태 실험(임상실험 등), 대중 히스테리, 정신장애 psychosomatic syndromes

⑥복합 재난 : 음식(화학적, 생물학적), 소비재(화학적, 물리적), 과학기술, 건물·댐·고속도로·다리 등 대형 건축물, 중요한 하부 기반(물리적, 경제적, 사회구조적, 소통적)

최근 6가지 위험 유형에 한 가지가 추가되었다. 기존의 유형이 개별적 위험 요인에 따른 구분이었다면 이는 '체계적 위험 systemic risks'으로 불린다. 이 유형은 인간의 건강이나 환경에 미치는 어떤 위험이 특정한 개별적 요인에 있다기보다 사회적, 경제적 맥락 속에 내재되어 있는 경우를 들고 있다. 이러한 형태의 위험은 각 요인이 상호작용하면서 나타나는 것이기에 위험을 다루는 데 있어서도 총체적 접근이 필요하다는 주장이다.

2

우리 사회의
헬조선과 흙수저론

역사학자 에릭 홉스봄은 21세기 인류를 지배할 사회적 주제는 '분배'라고 진단했다. 프랑스혁명 당시 인구의 0.5%인 성직자들이 농토의 6~10%를 차지했으며, 1%의 귀족이 토지의 20~25%를 차지하고 나머지를 농민 85%가 분작했다. 귀족과 성직자들은 세금도 내지 않고 각종 부역을 면제받았다. 이는 결국 혁명 발발의 사회경제적 배경이 되었다.

한국이 새로운 계급 사회로 가는 것이 아닌가 하는 우려가 크다. 상위 1%가 전체 부의 26%, 10%가 66%를 차지하고 1조 원 넘는 주식 부자가 23명에 이른다. 이에 청년들이 '헬조선'이라는 신조어로 암울한 한국 사회에 분노와 조소를 쏟아내고 있다. 여기에는 '지금 이곳이 희망이 사라진 고통과 좌절의 장소'고 마치 봉건 왕조와 같은 신분 사회라는 냉소가 담겨 있다. 〈한겨레신문〉이 2016

년 신년호에서 청년 세대를 대상으로 한 설문조사에 의하면, 청년들이 '최근 한 달 사이 가장 자주 느낀 감정'은 무기력(26.0%), 무감각(13.5%), 좌절(13.0%) 순이었다. 활력이 상실된 죽은 사회를 명확하게 보여주는 지표라 할 수 있다.

헬조선 혹은 헬조센은 Hell+조센(朝鮮의 일본어 음독)의 합성어로, 마치 지옥과도 같은 한국이라는 뜻을 담은 신조어다. 2014~2015년에 퍼지기 시작했는데, 둠조선(DOOM+조선), 망한민국(망해가는 대한민국), 개한민국(개+대한민국)이라는 말도 있다.

이러한 인식을 바탕으로 처음에는 조선을, 다음에는 현대 대한민국이 옛 조선이나 큰 차이 없이 형편없기 때문에 헬조선이라 비하한다. 나아가 헬조선이란 단어는 기원과는 달리 한국 사회가 근본적 사회 문제 때문에 너무 살기 어렵고 삶을 유지하는 것이 고통스럽다고 생각하는 사람들이 단어 표현에 공감하면서 새로운 신조어로 자리 잡았다.

처음에는 역사 갤러리에서 단순히 한국을 비하하고 혐오하기 위해 쓴 단어였지만 이후 한국에서 살아가는 것이 정말 힘들어서 지옥이나 다름없다는 의미의 단어가 되어 버렸다. 특히 사회의 주요 동력인 청장년층을 중심으로 일상용어가 되다시피 했으며 '꼰대', '노오력', '틀딱충' 등의 단어를 비롯해 '노인 혐오', '기득권 혐오' 등과 연관되어 있다는 것은 오늘날 기형적 한국 사회를 반영한 정서이기도 하다.[3]

동그라미재단이 2016년 3월 한국리서치에 의뢰해 고교생(16~19

세), 청년층(20~39세), 장년층(40~59세), 노년층(60~74세) 3,520명을 대상으로 우리 사회의 기회 불평등을 설문조사한 결과 노년층은 연금 기회 확대, 건강한 노후, 자녀 교육, 취업 등 다양한 분야의 기회 불평등에 부정적인 반면, 고교생과 청년층은 주로 교육과 취업의 기회 불평등에 부정적인 입장이었다. 개인의 노력보다 부모의 재산이나 지역 교육 환경에 따라 교육과 취업이 결정되고 있어 신분 상승이 어려워지고 있다는 인식을 갖고 있었다. '개인이 열심히 노력하면 성공할 수 있는 사회'라는 데에 고교생은 대체로 부정적이었는데, 특히 하류층 학생일수록 정도가 심했다. 이러한 측면에서 우리 사회에서 발생하고 있는 세대 간의 갈등 중 가장 중요한 것은 청년 실업에 따른 세대 간의 갈등이라 할 수 있다. 따라서 세대 간의 갈등 문제를 완화하기 위해서는 정치적, 사회문화적 측면의 세대 갈등 문제를 해소하는 데도 주의를 기울여야겠지만, 현 시점에서는 경제적 측면에서 발생하는 청년 실업 문제의 해소가 시급하다. 청년층의 실업 문제는 여러 가지로 사회를 불안하게 만드는 큰 걱정거리고 위험 요인이다.

사회적 신뢰의 훼손이
가져온 결과

1997년 외환위기를 기점으로 시작된 혹독한 구조조정은 수많은 사람을 실직자로 내몰았고, 등산 출근 같은 비정상적 문화가 생겨났다. 이를 겪은 세대, 그리고 당시 어렸던 세대는 수익성보다는 안정성에 방점을 찍었다. 이들이 각계 각처에 진출하면서 새로운 풍속도가 생겼다. 기업은 미래를 책임질 새로운 분야의 개발보다 검증된, 혹은 곧 검증되는 분야를 찾아 독점적 지위를 누리는 방향으로 나아가기 시작했다. 즉 젊은이들은 기업체에 취업하기보다 월급은 적지만 정년이 보장되는 공무원을 찾아가기 시작했고, 이 같은 안전 제일주의와 보신주의는 성장의 동력을 꺾는 데 한몫했다.

무엇보다 타격이 컸던 것은 사회적 신뢰의 훼손이었다. 전 국민이 금 모으기 운동에 자발적으로 참여해 200여 톤이 넘는 금을 모으는 동안 높으신 분들은 해외로 재산을 빼돌리거나 자녀의 국적 포기 등 추태를 보였다. 또한 국민이 기부한 금조차도 대기업 탈세에 이용됐는데 LG상사, 삼성물산, SK상사, 현대종합상사, 한화 등의 재벌 그룹은 종합상사를 통해 금을 헐값에 판 뒤 10%의 부가세를 환급받는 형식으로 2조 원가량을 탈세했다. 이는 많은 국민에게 희생해봐야 헛된 짓이라는 인식을 심어 주기에 충분했고, 양보와 배려가 실종된 사회로 진입하는 계기가 되었다.

더욱이 '무한 경쟁'이라는 세계적 흐름이 겹쳐지면서 사회 약자에 대한 관용은 크게 줄어들었다. 승자독식의 게임 규칙이 오랜 기간 적용된 결과 많은 부문에서 승자와 패자 사이에 상당한 양극화가 만들어졌고, 승자 사이에서도 승자독식의 경쟁이 벌어지면서 사회 전방위적으로 패자만 생겨나는 기형적 불평등을 낳았다.

만약 그 얼마 안 되는 승자가 노블레스 오블리주를 실천해 모범이 됐다면 그나마 나았을 것이다. 그러나 언론에 비춰진 그들의 행보는 처참했다. 2007년 한화그룹 김승연 회장의 보복 폭행 사건, 2010년 SK그룹 재벌 2세의 야구방망이 구타 사건, 단순 비극을 넘어 사회구조적 모순을 여실히 드러낸 2014년 세월호 참사, '땅콩 회항'으로 잘 알려진 2014년 대한항공 회항 사건에 이어 대통령을 탄핵으로 몰고 간 2016년 최순실 게이트에 이르기까지 사람을 사람답게 취급하지 않는 가진 자의 행태를 여실히 드러내고 있다.

이렇게 사회를 떠받치는 신뢰가 무너져 통제 불가능한 것처럼 보이고, 노골적으로 드러나는 부분들이 평범한 사람의 삶을 어지럽히면서 '헬조선'은 더욱 힘을 얻었다.[4]

3

위험의 생활화

과학에서 가장 심각한 잠재적 위험은 무능함이다. 현대 사회에서 과학은 워낙 세세하게 나뉘어 있고 전문화되어 있기 때문에 어쩔 수 없이 사고가 협소해지고 있다. 이제 과학자는 매우 좁은 전문 분야의 지식밖에 알지 못한다. 예를 들어 물리학에도 여러 분야, 곧 입자물리, 원자핵물리, 원자분자물리, 응집물질물리, 통계물리 따위로 세분화되고 전문화되어 가고 있기 때문에 깊으면서도 넓게 안다는 것은 현실적으로 불가능하다. 전체를 보고 판단할 수 없으면 무능해지기 십상이다.

대표적으로 방사능과 핵폐기물, 유전자변형유기체를 들 수 있다. 일상에서 우리는 이른바 유전자 조작 식품을 피하기 어렵다. 우리가 점심에 먹은 음식도 십중팔구 유전자를 조작하여 변형한 생물체로 만들었을 것이다. 햄버거로 상징되는 간편하게 먹는 정크푸드는 직간접적으로 상당 부분 유전자변형유기체를 사용한다. 이것이 해로운지 확정된 결과는 없다. 즉 위험하지 않다고 확정되지 않았다는 것이다.

가습기 참사와 치약 논란 등 화학제품 위해 성분의 공포가 여전한 가운데 정부의 합리적이지 못한 대처로 많은 소비자가 국내 제품을 불신하고 있다. 또한 상업화된 지 20여 년이 지난 유전자변형식품GMO은 안정성 논란이 끊이지 않는 상황이다. GMO 표시제가 의무화됐지만 이와 관련해 발생할 수 있는 부정적 이슈에 대비한 위기 관리 및 모니터링 시스템이 아직 구비되지 못해 한동안 혼란을 겪을 전망이다. 우리는 물질적 위험에 관심을 가져야 할 뿐 아니라 가족을 위해서라도 대비책을 생각해보지 않을 수 없다.

흰 거품만 봐도 덜컥
'생활용품 무섬증'

가습기 살균제 위해 성분인 메틸이소티아졸리논MIT과 클로로메틸이소티아졸리논CMIT이 치약과 세제 등에 포함된 사실이 알려지면서 생활화학 제품에 공포감이 확산되고 있다. 흰색 거품만 봐도 겁이 난다는 반응까지 나온다.

그러나 소비자의 걱정과 달리 전문가들은 정부와 기업이 용도를 정확히 밝히고 있어 소비자가 그 용도에서 벗어나지 않게 사용하고, 정부가 제품마다 농도 기준을 정해 과도한 양을 쓰지 않도록 하면 문제가 없다고 주장한다. 정작 문제는 두 가지를 못하는 정부가 신뢰를 잃었다는 점이다. 실제 용도와 달리 가습기를 씻는 제품으로 알고 허가해준 점, 가습기 참사 이후에도 화학제품 위해 성분의 농도 기준을 마련하지 않은 사실 등이 알려졌기 때문이다.

살균 보존제 성분인 MIT와 CMIT는 이미 일상생활에서 흔히 접하는 화학제품에 널리 쓰이고 있다. 구강청결제 등 의약외품을 비롯해 가정용 식기 세척제, 샴푸, 비누, 면도크림, 섬유유연제 등에 쓰인다. 비교적 낮은 농도로 물에 완전히 씻어내는 제품에 사용되는 것이다. 그러나 치약 논란을 계기로 해당 물질이 거품을 일으키는 계면활성제 성분에도 포함됐다는 사실이 알려졌다.

식품의약품안전처의 〈화장품 안전기준 등에 관한 규정〉에 따르면 샴푸, 린스, 보디워시, 세안제, 면도크림 등 사용 후 물로 씻어내는 화장품은 CMIT와 MIT를 최대 15ppm까지 사용할 수 있다. 의약외품으로 분류되는 구강청결제에도 같은 기준이 적용되지만 치약은 해당 성분을 사용할 수 없다. 치약 논란이 불거지자 소비자는 해외 생활화학 제품으로 눈을 돌려 해외 온라인 구매에 나섰다. 국내 제품에 불신이 커지고 있다는 의미다. 그러나 해외 제품은 오히려 CMIT와 MIT 규제 기준이 국내보다 더 느슨하다. 화학물질을 사용하거나 규제할 때 △효능 △부작용 △사회적 인식 △수급 가능성(경제성) 등을 따지는데 CMIT와 MIT는 국제적으로 효능과 부작용, 경제성이 검증된 안전한 물질로 보고 있기 때문이다.

이덕환 서강대 화학과 교수는 "과학적 설명에도 불구하고 의혹이 해소되지 않는 것은 정부의 화학물질 관리에 불신이 깊게 깔려 있기 때문"이라고 진단했다. 평소에 일상적 의혹을 해소해주고 정보와 사용법을 알려주는 과학이 아니라, 정부가 해명할 때만 과학을 들먹인다는 불신이 강해 수습이 더욱 어렵다는 설명이다.[5]

GMO의
습격

2007년 유전자변형식품[GMO]이 상업화된 지 20년을 맞았다. 1996년 처음으로 GMO가 상업화된 이래 가파르게 성장했다. 현재 우리 식탁에 자주 오르는 콩, 옥수수 등은 대부분 GMO이다. GMO가 지구 식량난을 해소하는 '단비'가 될 것이란 주장이 있지만 궁극적으로 생태계를 파괴하는 또 다른 '재앙'이 될 것이라고 반박하는 이들도 많다.

GMO는 분자생물학과 생명공학의 탄생 이후 처음 시장에 등장한 산물 중 하나로, 생명공학을 둘러싼 기대와 우려의 결집체라고 볼 수 있다. 생명공학은 불확실성을 기반으로 하고, 생명공학의 산물인 GMO 역시 불확실성을 중요한 구성 요소로 삼는다. 그렇지만 새로운 기술emerging technology의 산물인 GMO가 불확실하다고 해서 곧바로 위험한 것은 아니다. 오늘날 불확실성은 이미 생활의 일부가 되었고, 삶의 일부이자 사회적 배경이 되고 있다. 과학기술 논쟁에서 과학자와 그 밖의 전문가들은 자신들의 관점을 뒷받침하기 위해 불확실성을 수사적 도구로 활용한다. 미국과 유럽에서 '실질적 동등성substantial equivalence' 개념은 GMO가 탄생하고 수용되는 과정에서 논쟁의 핵심으로 부상했다. GMO가 새로운 식품인지, 아니면 전통적인 육종과 인위 선택의 연장선에 놓여 있는지의 논쟁은 그 자체가 경계 작업boundary work에 해당한다. 이들 나라에서 2000년 이후 실질적 동등성 개념은 최소한 3가지 측면에서 새롭게 변화했다. 첫째, 공식 문서의 부가적인 문구를 통해서 GM 식품과 비-GM 식품의 차이에 좀 더 초점을 맞추는 방식으로 재정의되었다. 둘째, 위험 평가 절차의 과학적 불확실성이 제기되고, 특히 유럽에서 과거에 비해 안전성에 더 많은 근거를 요구하는 형식으로 재해석되었다. 셋째, 더 이상 위험 평가가 불필요하다는 주장을 정당화하는 근거로 사용할 수 없게 되었다. 실질적 동등성 개념의 변화 과정은 GMO의 불확실성에 대한 커뮤니케이션의 과정이며, 그것은 GMO의 불확실성을 둘러싼 경계 획정의 과정이라고 할 수 있다.

GMO 상업화 이후 20년 동안 가장 첨예하게 의견 대립을 보인 곳은 미국과 유럽연합이다. 미국은 전반적으로 표시 의무에 반대하는 흐름이 강한 반면, 유럽연합은 2016년 EU 28개 회원국 중 19개 나라가 GMO 작물 재배를 금지하기로 결정했다. GMO 재배 자체를 금지시켜야 한다는 목소리가 나올 만큼 반대 정서가 확산되고 있는 것이다.

한편 2015년 우리나라에 수입 승인된 식용·농업용 GMO는 약 1,024만 톤(농업용 79%, 식용 21%)으로 23억 6,000만 달러 규모였다. 이는

2014년에 비해 5%(58만 톤) 감소한 수치다. 특히 우리나라는 GMO 표시 의무가 제대로 이뤄지지 않고 있는 것이 문제다. 대형마트 등에서 유통되는 콩과 옥수수 제품 중에 GMO가 많지만 표시제도는 의무화되지 않고 있다. 안전성 문제를 논할 때 '있다, 없다'를 떠나 이 제품이 GMO로 만들었다는 표시는 해야 한다는 주장이 강하지만 정부는 전 세계적으로 유통되는 18종의 GMO 중 표시 의무를 7종에 한정하겠다는 입장을 밝혔다.[6]

- ▶ GMO 18종 : 콩, 옥수수, 면화, 쌀, 카놀라, 알파파, 사탕무, 호박, 가지, 감자, 파파야, 딸기, 사과, 연어, 유채, 카네이션, 토마토, 담배
- ▶ 표시 의무가 있는 GMO 7종 : 대두(콩), 옥수수, 면화, 카놀라, 사탕무, 알파파, 감자

이에 대해 생활협동조합 운동을 펼치는 한살림연합은 "GMO 표시 의무에 대한 정부의 입장을 납득할 수 없다"고 지적했다. 2016년 4월 식품의약품안전처는 〈유전자변형식품 등의 표시 기준〉 개정안을 공지하고 국민 의견을 수렴하겠다고 공고했다. 정부가 기존 식품위생법상 검사 대상 품목으로 정한 7가지 작물 외에 나머지 11종은 표시 의무를 면제해주겠다는 입장인 것이다. 그러나 한살림연합은 7종뿐 아니라 전 세계적으로 유통되는 18종 모두를 표시하도록 기준을 강화해야 한다고 주장했다. 즉 표시 의무를 강화하

[GMO 연관어 맵(피알원, 2013.6~2016.5)]

고 선택은 소비자가 하자는 주장이다.

2013년 6월부터 2016년 5월까지 온라인에서 거론된 GMO 관련 콘텐츠 85,276건을 분석하면 위의 연관어 맵을 그릴 수 있다. 가장 많이 거론된 키워드는 식품, 수입, 유전자, 달걀, 몬산토Monsanto 순이다. 연관어는 제품이나 그 속성에 관한 것이 많았는데 심리적인 것 또한 많다.

특히 2016년 자료를 분석해보면 예상 밖으로 인물로는 박근혜, 정동영, 오바마 순이다. 당시 박근혜 대통령의 부정적 가십에 GMO 루머가 많았다는 것을 알 수 있다. 또한 기관으로는 몬산토, 농촌진흥청, 삼성 순이다. 관련이 별로 없어 보이는 삼성이 3위인 것 또한 의외다. 이는 삼성 관련 루머가 많이 전파되고 있음을 알 수 있다.

"전라북도가 2015년 말 에너지 산업 대신 바이오식품, 뷰티, 화학 산업 등을 대상으로 한 새만금 투자를 삼성그룹에 요청한 것으로 알려졌다. 이에 따라 당초 새만금에 들어설 종자산업단지 영입 1순위 기업으로 거론되던 몬산토, 그리고 삼성이 공동으로 참여하는 대단위 유전자조작 농산물 개발단지가 기어코 현실화할 것인지에 관심이 높아지고 있다"와 같은 루머의 영향 때문이었다.

[가장 많은 연관어 15개의 속성]

2013년 6월 1일~2016년 5월 10일		
No.	연관어	연관어 맵
1	식품	제품
2	수입	속성
3	유전자	속성
4	달걀	제품
5	몬산토	단체
6	발병	심리
7	자녀	심리
8	가족	심리
9	건강	심리
10	부작용	속성
11	유해성	속성
12	기업	단체
13	위험	심리
14	옥수수	제품
15	콩	제품

[2016년 주제어별 연관어 상위 5개]

인물

No.	모델명
1	박근혜
2	정동영
3	오바마
4	이철호
5	푸틴

단체

No.	모델명
1	몬산토
2	농촌진흥청
3	농심
4	삼성
5	삼양사

제품

No.	모델명
1	달걀
2	쌀
3	옥수수
4	간장
5	식용유

속성

No.	모델명
1	수입
2	유전자
3	부작용
4	유해성
5	종양

심리

No.	모델명
1	발병
2	자녀
3	가족
4	건강
5	과학적

기타

No.	모델명
1	뉴스타파
2	글리
3	신세계
4	환경스페셜
5	KBS스페셜

오프라인과 온라인을 통해 살펴본 GMO 관련 이슈는 7가지로 정리할 수 있다. 가장 논란이 되고 있는 주제는 안전성 문제로, 국민과 직접 관련이 많아 민감한 반응을 보인다. GMO는 온라인을 통해 지속적으로 개인 의견이 게재되고 있는데, 동조하는 네티즌이 많아짐에 따라 향후 관리해야 할 사안이다. 7가지 이슈는 다음과 같다.

첫째, '안전성 논란.' GMO의 안전성 논란은 국외에서도 아직까지 끊이지 않으며, 국내외의 언론 매체를 통해 전파되고 있다. 또한 블로그, 카페, 동영상을 통해 안전성에 관한 정보가 공유되고 있고, 근거 없이 공포감을 조성하는 자료도 나타났다. GMO의 안전성을 주장하는 근거의 과학적 뒷받침이 부족하다는 점은 큰 문제점이다.

둘째, '막연한 공포감으로 수입 반대 여론 확산 가능성.' GMO의 안전성을 소비자에게 충분히 인식시키지 못한 상황에서 소비자 불안감을 조성하는 언론의 GMO 검출 보도가 이뤄지고 있다. 또한 주부 카페, 블로그 등을 통해 막연한 공포감이 확산되고 있다. GMO-free 선언 식품업체 리스트가 인터넷에서 공유되며, GMO 사용 기업 식품을 비판하는 목소리가 증가하고 있다.

셋째, '사료용 GMO의 안전성 논란 확대.' GMO 표시제를 가공식품 전반으로 확대하자는 주장이 나오고 있다. 식품업체를 중심으로 GMO 표시제 확대 반발이 거세지만 GMO 사료를 먹여 키운 가축에게서 얻은 우유 등 축산식품에도 GMO 표시를 하자는 주장이다.

넷째, '식약청과의 일원화 논란.' 범국민적 먹거리 불안감 확산

속에서 각 부처로 분산되어 있는 관련 업무를 통합하는 등 식품 안전 관리를 일원화해야 한다는 지적이었다. 농식품부와 식약청 어느 곳으로 일원화하느냐의 문제가 논의되고 있다. 이들 부처는 합의와 협의의 모습보다 서로 반박하며 주도권 싸움을 하는 양상으로 나타나 비난 여론이 일고 있다.

다섯째, '식품업체의 GMO 표시제 확대 불만.' GMO 표시제를 확대할 경우 최고 24%까지 제품 가격이 인상될 수 있다. 국내 소비자의 이해가 부족한 상태에서 GMO 표시를 붙인 상품은 시장에서 외면받을 가능성이 높다. 또한 소비자가 안전성 면에서 무조건 배타적 입장을 보이는 상황에서 도입된다면 오히려 혼란만 야기할 것이라는 의견이 있다. 뿐만 아니라 가공 식품뿐만 아니라 GMO 사료를 먹인 가축에게서 얻은 축산식품에도 GMO 표시를 해야 하는데 이를 제외하는 것은 형평성에 어긋난다는 주장도 있다. 현재는 GMO-free 선언을 한 기업에서 가격을 올리지 않고 있지만 언제까지 부담을 지고 갈지는 미지수다.

여섯째, 'GMO 용어의 번역 혼재.' 우리말 번역이 찬반 입장에 따라 유전자재조합, 유전자변형, 유전자조작으로 달리 표현되고 있다. 식약청은 유전자재조합, 농식품부는 유전자변형, 소비자·환경단체·미디어는 유전자조작이라 사용한다. 사용하는 단어에 이미 선입견이 반영되어 그대로 국민에게 전달되고 있었다. 통일되지 않은 용어의 사용은 이해관계자 간의 합의되지 않은 갈등을 간접적으로 나타내는 중요한 징후다.

일곱째, '조직 내부의 정체성 혼란.' 식품 안전 관리 기능은 식약청과 농식품부 중심으로 7개 부처 20여 법률로 분산되어 있다. 공무원조차 어떤 제품을 어디에서 관리하는지 몰라 공부해야 한다는 우려가 언론을 통해 보도되었다. 만일 긴급한 상황에서 내부 구성원이 언론과 인터뷰한다면 불확실성으로 인해 GMO를 다루는 정부부처의 신뢰 하락으로 이어질 수 있다. 내부적으로 중요한 정보의 공유와 합의가 이뤄지지 않을 경우 외부로 위험이 증폭될 가능성이 크다.

이처럼 GMO 안전성 논란은 현재 진행형이다. 찬성론자는 '20년간 먹어왔지만 무탈하지 않았느냐'고 목소리를 높이고, 반대론자는 '어불성설'이라는 입장이다. 김훈기 홍익대 교양과 교수는 이렇게 지적한다.

GMO가 인체에 미치는 영향은 지금으로선 동물 실험을 통해 추정할 수밖에 없기 때문에 명확히 이야기하기 어렵다. 그러나 20년간 별일 없지 않았느냐는 주장은 말이 안 된다. 20년 동안 관찰해온 결과가 아니라 그저 20년간 먹어온 것뿐이지 않느냐. GMO 찬성론자는 프랑스 칸 대학의 세라리니 Gilles-Eric Séralini 연구진의 쥐 실험에 문제가 있다고 지적하지만, 이 논문이 시사하는 바 90일의 GMO 독성 시험도 재검토할 필요가 있다.

세라리니 연구진은 쥐의 평균 수명인 2년 동안 쥐에게 GMO 농작물에 살포되는 글리포세이트(제초제)를 먹인 뒤 큰 종양과 장기 기능 장애가 발생했다고 밝혀 다시 한 번 GMO 경각심을 불러일으켰다.

강원대 생명과학대 임학태 교수는 "생명체는 주변 환경에 따라 진화하는 유기체로, 제초제에 노출된 잡초도 예외는 아니다"면서 "식물이 로봇이 아닌데 인간의 의도대로 조절할 수 있다는 믿음은 오만"이라고 비판했다. 임 교수는 쓴소리를 아끼지 않았다.

> 인도에서는 과거 목화 재배를 하면 목화솜을 뺀 잎은 양이나 소에게 먹였지만 살충성 유전자가 들어간 GMO 목화를 재배한 이후부터는 잎을 먹일 수 없게 됐다. 설상가상으로 GMO 종자를 움켜쥔 기업이 종자 값과 제초제 값을 계속 올리자 버티지 못한 농민 20만 명이 자살하는 사태까지 벌어졌다. 과학자들이 연구비에서 자유로울 수 없으니 대기업이 원하는 대로 해줄 수밖에 없는 것이다. 국내 옥시 파동이 바로 그런 것 아니냐.

많은 논란에도 GMO 작물이 끊임없이 개발되는 이유는 식량난과 결부되어 있다. 향후 100년 안에 전 세계 인구가 100억 명에 이를 것으로 추정하는데, 이 인구를 먹여 살릴 수 있는 충분한 식량이 있어야 한다. 이와 관련해 GMO 찬성론자는 GMO 개발을 통해 곡물 생산량을 증대시킬 수 있다고 주장한다. 그러나 원광대 김은진 교수는 "이론적으로는 가능하겠지만 생산량 추이를 보면 GMO

를 통해 곡물 생산량이 아주 증가한 것도 아니다"고 지적했다.

식량난을 해결하려면 육류 과잉 소비, 전쟁, 부의 불평등 문제
등 본질적인 것을 해결해야 한다. 고기 1인분을 먹으려면 가
축에게 곡물 10인분을 먹여야 하는데, 육류에 편중된 식사가
아닌 균형 잡힌 식사만 한다면 식량난을 줄일 수 있으며, 전쟁
으로 인해 정착 생활을 할 수 없는 이들에게 평화를 준다면 곡
물 생산량도 증가할 것이다.

이런 가운데 GMO 반대론자는 GMO를 원료 기준으로 표시해
소비자의 알 권리를 보장해야 한다고 주장한다. GMO가 이미 우리
식탁을 점령해 피할 수 없게 된 만큼 최소한 GMO 식품이 무엇인
지 알 수 있도록 해야 한다는 것이다.[7]

불확실한 상황에서의
위험 커뮤니케이션

GMO 논란이 커지면서 제20대 국
회에서도 표시제를 재개정해야 한다는 목소리가 나왔고, GMO 표
시제를 강화하는 내용의 식품위생법 개정안이 더불어민주당 김현
권 의원, 정의당 윤소하 의원에 의해 발의되었다. 2016년 6월 김현
권 의원이 발의한 〈식품위생법 개정안〉에 따르면, 유전자변형 생

물체를 원재료로 사용해 제조·가공한 GMO 식품 등과 이를 원재료로 다시 가공해 제조한 식품 등에는 원재료 유전자변형 단백질과 DNA 등 성분의 잔류 여부를 고려하지 않고 모두 GMO 식품임을 표시토록 한다는 내용을 담았다.

김 의원은 이렇게 지적했다.

무유전자변형식품과 비유전자변형식품 표시에 법규가 없어 국내에서 유전자변형 생물체로 상용화하지 않은 농산물 품목에 시민 자율적인 무유전자변형식품과 비유전자변형식품 표시를 허위·과장 광고로 단속하는 사례가 있다.

결과적으로 우리나라는 2017년부터 GMO 원료 사용 시 표시를 의무화하는 새로운 GMO 표시제가 적용된다. 그에 따라 기업은 GMO 제품의 부정적 이슈를 최소화하기 위해 다양한 위기 관리 프로그램을 준비해야 하며, 소비자의 지속적 여론(부정적 이슈 및 루머)을 파악할 수 있는 모니터링 시스템을 구축해 혹시 모를 위기(불매)에 대처해야 할 필요성이 대두되고 있다.

한편으로 GMO는 위험 평가 측면에서 많은 어려움이 있다. 불확실성 역설uncertainty paradox 개념을 유럽연합의 GMO 규제 사례에 적용시킨 반 어셀트van Assalt와 보스Vos는 2008년의 연구를 통해 인체에 유해하지 않다는 증거도, 인체에 유해하다는 증거도 없는 상황에서 겪는 의사결정의 어려움을 밝혔다.

GMO의 과학적 차원에서 위험 평가risk assessment와 정책적인 면에서의 위험 관리risk management, 위험 정보 교류risk communication 등 세 요소가 적절하게 이뤄진다면 가장 이상적인 상황이 된다. 그러나 현재 과학적 위험 평가가 불가능한 상황에서 GMO 위험 관리와 위험 커뮤니케이션은 어떻게 진행되어야 할 것인가?

위험 커뮤니케이션에는 반드시 쟁점 및 상황을 분석하고, 위기 과정에서 결정적인 커뮤니케이션 포인트를 규명하고, 전략 및 네트워킹 정책을 결정해야 한다. 나아가 위험 커뮤니케이션 연습을 수행하고 커뮤니케이션 수행과 효과를 모니터링하는 것이 필수다.

국제식품규격위원회CODEX는 위험 커뮤니케이션이 반드시 쌍방향 대화 방식이어야 한다고 주장했다. 유엔식량농업기구FAO와 세계보건기구WHO의 산하기구인 CODEX는 1991년과 1993년 총회에서 합동 FAO/WHO 식품 규격, 식품 중 화학물질 및 식품 교역에 관한 회의에서 권고한 위험 평가 원칙을 근거로 하는 결정을 승인하고, CODEX 하부 분과위원회에서도 동일 원칙을 적용할 것을 장려했다. 2003년에 열린 총회에서는 식품 안전 및 리스크 분석의 원칙을 채택했고, 각 국가에서 적용 가능한 식품 안전 리스크 분석 원칙을 개발하는 작업에 착수했다.[8]

그에 따르면 담당자는 외부 이해관계자에게 식품 안전 리스크에 대해 적절한 시기에 명확한 정보를 제공하고 관리 조치를 공지해야 한다. 이와 같은 정보는 이해관계자가 쉽게 이해할 수 있는 방식으로 전달되어야 하며, 쉽게 이용할 수 있는 매체를 활용해야 한다. 또한 위험 커뮤니케이션 담당자는 커뮤니케이션된 주요 메시지를 세밀히 분석하고, 이해관계자의 생각을 충분히 기술하며, 외부 이해관계자에게 자문을 요청하고 의견을 경청해야 한다.

위험 커뮤니케이션 과정은 모두 일곱 단계를 거친다.

①목적과 목표 수립
②목표 수용자 분석
③메시지 개발
④적절한 커뮤니케이션 방법 결정
⑤계획 정교화
⑥실행
⑦평가

위험 사안은 주기가 있고 발전하는 양상이 있다. 잠재해 있다가 등장하고, 점점 관련 논의가 활성화되다가 급격하게 증가하며, 강력한 조치가 취해지면 해결되는 메커니즘을 갖는다. 쟁점은 발단-조정-증폭-조직화-해결 단계를 거친다. 위험 커뮤니케이션 과정과 위험 사안의 메커니즘에 따라 GMO 관련 위험 사안을 분류하고 관리 방안을 수립해 나가야 한다.

위기 대응과 소통

2015년 한국을 공포로 몰아넣은 메르스 바이러스MERS Corona Virus는 예방과 통제를 위한 정보와 의학적 지식이 부족하고 불확실성이 큰 신종 감염병이었다. 그런 만큼 신속하고 신중한 방역 대응이 이루어져야 했지만 초기 대응부터 부실 그 자체였다. 감염자 발생 정보의 불통, '2미터 이내 1시간가량 접촉'이라는 격리자 기준, 의료 전달 체계 부실과 과밀도가 높은 응급실, 보호자에게 맡기는 간병 문화 등이 뒤섞여 메르스 사태는 엄청난 인명 피해와 사회경제적 손실을 가져왔다.

보건 당국의 대응은 여러 모로 부실하고 불완전했다. 그중에서도 가장 큰 문제로 꼽혔던 것이 바로 '위기 상황에서 의사소통risk communication'의 부재였다. 신종 감염병 확산의 불안감이 커지는 상황인데도 방역 당국은 신뢰할 만한 정보를 공개하지 않았고, 있는 정보마저도 제대로 공유되지 못했다.

메르스 사태 초기에 보인 보건 당국의 위험 소통 부재는 '심리적 방역'의 실패로 이어졌다. 위험 소통의 주체인 정부가 불통하면서 부정확한 정보가 퍼지고, 언론을 통해 확대 재생산되면서 감염병 유행의 공포를 더욱 부추겼다. 정보의 공유와 소통의 부재는 산 사람을 죽은 사람으로 둔갑시키기도 했다. 혼란이 가중되자 정부는 '괴담 유포' 운운하며 위험 소통의 실패를 인정하기보다 책임을 다른 곳으로 돌리려는 태도마저 취했다. 방역은 오로지 정부의 책임이자 권한이고, 국민은 계도와 통제의 대상이었다.

어느 사안이든 정보 공개가 쉬운 문제는 아니다. 정보를 공개할 때의 기준은 국민의 심리를 반영하고 기준에 따라 일관성 있게 행동하는 것이 중요하다. 보건 당국에서 정보를 공개했다가 여론이 나쁘면 기준을 변경하면서 신뢰를 잃는 경우가 많았다. 정보 공개는 증거를 기준으로 삼되 한번 결정되면 일관성 있게 밀고 나가야 한다. 국민은 방역과 위기 소통의 주체라는 인식 전환이 필요하다.

메르스 사태 당시 정보 공개를 논의할 때 방역 당국의 한 담당자가 "이제는 방역 당국이 메르스를 잡을 수 없는 상황이다. 국민의 협조를 받아 메르스를 잡아야 한다"고 말했다. 그런 의미에서 국민을 방역의 자산으로 활용해야 한다. 결과적으로 불특정다수 국민이 참여해 메르스 감염 환자가 거쳐간 것으로 파악되는 전국 병원을 정리해 만든 '메르스맵'의 정보는 틀리지 않았다. 그런 부분을 고려해 국민이 방역의 참여자로서의 역할을 수립할 수 있도록 해

야 한다.[9]

국민은 계도의 대상이 아니다. 위기 소통을 통해 해야 할 일은 국민이 루머와 거짓 정보의 양산자가 아니라 방역의 기여자가 되도록 하는 것이다.

위험 지각은 대중의 행동을 변화시킨다

인플루엔자 대유행의 위협과 우려는 전 세계적으로 초미의 관심사다. '대유행'이란 지속적으로 변이되어 나타나는 새로운 인플루엔자에 자연 면역력이 사람에게 없기 때문에 빠르게 확산되고, 치명적 위해를 가하는 상황을 말한다. 지난 세기 가장 치명적이었던 대유행은 1918~1919년에 발생한 '스페인 플루'로, 세계적으로 4천만 명이 사망했다. 이후 1957년 '아시안 플루', 1968년 '홍콩 플루' 등이 심각했던 대유행으로 꼽힌다.

가장 큰 문제는 또 다른 대유행이 언제든 발생할 수 있지만 왜, 언제 발생할지 예측할 수 없다는 것이다. 게다가 현재까지 이러한 대유행을 막을 수 있는 주요 수단으로 비약리적 중재nonpharmacological interventions에 의존할 수밖에 없다. 이는 1918년 치명적인 스페인 플루 상황과 크게 다르지 않다는 뜻이다.

2009년 발생한 인플루엔자 A^{H1N1} 대유행 상황에서도 비슷한 양상을 보였다. 2009년 호주에서 수행된 실Seale과 동료들의 연구에 따르면, 대부분의 호주인은 H1N1에 대한 위험 지각이 높지 않은 것으로 나타났다. 그럼에도 불구하고 H1N1의 위험을 높게 지각한 사람일수록 더 많은 행동 변화를 보인 동시에, 예방 접종 의도 역시 높았다. 여기에서 행동 변화는 손 씻기, 사람이 많이 모이는 장소 피하기, 대중교통 이용하지 않기, 자녀를 학교에 보내지 않기 등이다.

진화론적 게임이론evolutionary game theory에 기반을 둔 H1N1 확산 예측을 위한 수학적 모델을 수립한 폴레티Poletti와 동료들은 연구를 통해 사람들의 인플루엔자 관련 행동 변화가 인플루엔자 확산에 영향을 준다는 사실을 수학적으로 증명했다. 대중의 위험 지각이 결국 인플루엔자와 관련된 사람들의 행동 변화에 영향을 미친다는 것을 입증한 것이다. 2010년 셋번Setbon과 라우데Raude는 프랑스 국민을 대상으로 실시한 전화 조사에서 폴레티의 위험 지각과 공중 행동 변화의 관계를 실증적으로 보여주었다.

또한 기뎅질Gidengil 연구팀의 미국 전역 조사를 통한 H1N1 발병 1년 동안의 종단 연구에서도 비슷한 결과가 나타났다. 연구에 따르면, H1N1 감염에 대한 위험 지각이 1% 증가하면 백신 접종 의도는 0.57% 증가했는데, 위험 지각이 높은 사람은 접종 의도가 5.7%까지 증가했다. 흥미로운 결과는 저소득, 저학력층은 다른 계층에 비해 더 높은 위험 지각을 하고 있지만 백신 접종 의도는 낮은 것으로 나타났다는 점이다. 이러한 결과는 새로운 백신에 대한 불신, 낮은 건강 관념, 산술 능력 때문인 것으로 해석되었다.

사디크Sadique 연구팀은 글로벌 조사를 통해 각 대륙별로 인플루엔자 유행에 따른 사람들의 예방 행동 반응을 연구했다. 개인이 인플루엔자의 위험을 지각했을 때 대중교통 수단을 기피하는 것처럼 감염 위험이 높은 환경을 피하려는 경향으로 연결됨을 발견했다. 즉 위험 지각이 높을수록 이러한 환경을 피하려 한다는 것이다.

기후와 환경이 변화하면서 발생하는 신종 바이러스의 위협으로부터 어느 나라도 자유로울 수 없다. 하지만 위협에서 어떻게 국민의 안전을 지켜내는지는 정부의 잘 갖춰진 위기 대응 시스템과 효과적인 커뮤니케이션 역량에 달려 있다. 2015년 '한국-WHO 합동 조사단' 평가에서 나온 것처럼 한국의 의료 시스템과 IT 기술 역량은 우수하다. 우리 정부는 우수한 기반을 바탕으로 철저한 비상 대응 체계를 구축하고, 국민과 소통하는 노력을 기울임으로써 신뢰를 높여야 한다.[10]

5

일반인의 위험 태도

사람들은 현실을 파악할 때 상호작용하는 두 체계를 이용해 정보를 처리한다. 이성 체계*rational system*는 논리 규칙 등을 가지고 심사숙고하는 분석 체계며, 경험 체계*experiential system*는 감정을 담는 심상 등으로 정보를 약호화*encoding*하는 체계다.

　이성 체계는 객관적으로 위험을 평가한다는 것인데, 일반적으로 위험의 가능성이나 확률 등 정확한 통계적 방법을 통해 위험을 평가하고 위험 빈도×손실 가능성의 값을 기준으로 수용 여부를 결정한다. 그러나 일반인은 위험을 평가하고 지각하는 데에 주관적인 요소가 많이 개입한다. 대중은 자신의 주관적인 경험이나 지식 습득에 따라서 위험을 덜 객관적으로 수용하며 위험 지각에 편견이 개입될 가능성이 많다. 그럼에도 개인의 경험이나 상상력, 추리, 지식, 믿음 등을 근거로 위험을 지각하고 의사를 결정한다.

따라서 이성적 분석도 중요하지만 복잡하고 불확실한 상황에서는 감정에 따른 판단이 더 빠르고 효율적일 수 있다. 이러한 자극에 관련된 감정이 판단과 의사결정에 미치는 영향을 설명하기 위해 감정추단*affect heuristics*이라는 개념이 도입됐다.

아래 그림의 선형라인에 해당하는 것은 실제 사망률과 일반인이 추정한 사망률이 일치하는 점이다. 예를 들어 오토바이 사고를 들 수 있다. 따라서 선형라인의 윗부분에 해당하는 위험, 예컨대 토네이도, 홍수, 홍역 등은 실제 사망률보다 과도하게 평가되고 있다. 반면 선형라인의 아랫부분, 즉 천식, 결핵, 당뇨 등은 실제 사망률이 과소평가되고 있다는 것을 보여준다. 결국 위험 지각은 '특정 위험의 특성과 심각성에 사람들이 내리는 주관적 판단'이라고 봐

[위험별 연간 실제 사망률과 일반인이 추정한 사망률]

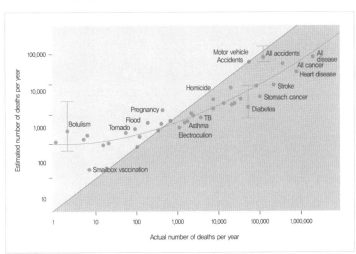

출처: Slovic et al., 1985.

야 한다.

　대중에게는 실제 위험보다 위험에 대한 지각이 더 실제에 가까울 수 있다. 위험 커뮤니케이션 학자 샌드맨Sandman은 위험을 위험성hazard과 분노outrage의 합으로 평가해야 한다고 주장했다. 또한 특정 위험이 4개의 분면 중 어디에 위치하고 있는가에 따라 커뮤니케이션 전략을 달리 수립해야 한다고 덧붙였다. 예를 들어 영아돌연사SID와 같은 낮은 위험성과 높은 분노를 가진 위험은 분노 관리outrage management를 수행해야 한다. 반면 인플루엔자 대유행pandemic influenza과 같은 높은 위험성과 낮은 분노를 갖는 위험은 대중의 예방 행동을 유도할 수 있는 커뮤니케이션이 수행되어야 한다는 것이다.

　　앞으로 우리가 겪었던 전철을 다시 되풀이하지 않기 위해서 식품 성분의 유해성 논란 문제는 식품 관련 전문가 단체의 과학적 분석과 판단이 선행되어야 한다고 다시금 강조하고 싶습니다. 무지한 일부 검사는 과학에 너무 문외한이었습니다. 그 예로 당시 기름(우지)과는 무관한 약학을 전공한 학자를 불러 기름에 관련된 증언을 요구했고, 그로부터 이끌어낸 증언을 토대로 기소한 것은 언어도단입니다. 이와 같은 무리한 수사 결과에 따른 물질적, 정신적 피해는 법적으로 비록 무죄 판결을 받았지만 명예 회복 외에는 더 이상 실질적 보상의 길이 어렵기 때문입니다.

9년 만에 무죄를 선고받은 삼양식품 관계자의 한탄이다. 삼양식품은 1989년 이른바 '소고기 우지 파동'을 겪었다. 라면을 만드는 과정에서 식용이 아닌 공업용 소기름을 사용했다는 언론보도로 삼양식품은 라면 판매를 잠시 중단했다. 1997년 8월 법정에서 무죄 판결을 받아 혐의를 벗었다. 하지만 그 사건 이후 농심에 뒤처져 만년 2, 3등에서 벗어나지 못하고 있는 실정이다.

신뢰와 분노가
중요하다

위험 객관주의, 즉 전문가 중심의 사고에는 한계가 있다. 위험사회에서 가장 신경을 써야 할 두 단어는 신뢰와 분노다. 두 단어는 서로 연계되어 있다. 분노는 신뢰하지 않는 사람이나 기관, 조직에게 드러내지만 신뢰하는 사람에게 분노를 느끼지는 않는다. 이 때문에 위험이나 위기를 관리하는 사람이나 기관, 그리고 위험 발생과 증폭으로 위기를 맞고 있는 기업이나 정부, 조직은 이해관계자와 시민이 분노하지 않도록 온 힘을 기울여야 한다. 위험 관리에서 감정은 가장 중요한 변인이다.

홍콩에서는 조류독감 위험 지각이 행동에 어떠한 조절 효과를 미치는지 조사했다. 닭 구매 행동으로 인한 감염 가능성을 지각하는 수준과 닭 구매 행동 및 구매 과정 중 접촉하는 행동 간의 관련성을 분석했다. 다변량 로지스틱 회귀 분석 결과 조류독감 위험 지각은 관련 식재료의 구매 행동과 구매 과정 중 접촉과 같은 개인 행동에 유의미한 예측 변인으로 나타났다. 즉 조류독감에 개인의 위험 지각이 높을수록 전염병을 얻을 개연성이 있는 행동을 적게 하는 것으로 나타난 것이다.

또한 전염병을 통제하는 데 있어 학교 교사의 위험 지각 조사 연구에서는 교사들의 위험 지각은 다양한 요인에 영향을 받는 것으로 나타났다. 교사들의 위험 지각에 대한 정도가 인플루엔자 예방 행동의 이해, 예방 계획, 인플루엔자 지식, 질병 확산을 통제하려는 행동에 영향을 미쳤다. 위험 지각의 정도가 높을수록 예방과 관련된 행동 및 지식 습득에 적극적이라는 사실을 알 수 있다.

앞에서 설명한 바와 같이 위험 지각은 감염병과 관련한 위기 상황에서 효과적 위험 커뮤니케이션을 하기 위해 필수적으로 고려해야 하는 요인이다. 인플루엔자 대유행 상황에서 효과적 위험 커뮤니케이션은 조언과 정보를 제공함으로써 대중을 안심시킬 수 있을 뿐만 아니라 대중이 자발적으로 예방 행동을 하게 이끌고, 대유행의 국가적 통제와 관련 지지를 이끌어내는 데 필수적이다.

위험 지각 연구는 1970년 슬로빅을 중심으로 홍수를 자주 겪는 평지에 사는 주민의 위험 추구 행동을 새로운 측면에서 설명하기 위해 시작되었다. 슬로빅은 추단법heuristic과 편향bias 연구에 주목해 위험에 다차원적으로 접근하는 심리 측정 모델을 개발했다. 이후 슬로빅의 1991년 연구는 위험 지각과 낙인효과 간의 관계를 밝히면서 위험 지각의 중요 성분인 감정affect이 의사결정에 영향을 미친다고 주장했다. 이는 불확실한 상황에서 의사결정을 내릴 때 느낌이 중요한 입력 이상의 역할을 하며 위험의 인지적 평가와 위험 관련 행동을 연결한다는 주장이다.

슬로빅은 위험을 정신적 구성물로 간주하고, 심리측정학적 방법을 통해 위험 인지의 특성을 규정하고 측정하고자 했다. 사회의 혜택, 위험의 정도, 위험의 수용 가능성 측면에서 위험을 규정했으며 자발성, 두려움, 인지된 통제감, 심각성, 개인적·사회적 결과, 친숙함 등 위험의 다양한 특성과 관련지어 위험을 평가했다.

2장

우리는 왜
점점
위험해지는가?

1

위험의 사회적 확산

1979년 미국 펜실베이니아 스리마일 섬Three Mile Island에서 일어난 원자로 사고는 큰 충격을 주었다. 노심 용융Core melt down 사고가 발생해 부상, 사망 등 인적 손실이 거의 없었음에도 미국 역사상 가장 부담스러운 사회적 충격을 준 것이다. 상당량의 방사능이 외부로 누출됐고 대중의 두려움은 피해 규모에 비할 수 없이 컸다. 이후 미국에서 원자력 산업이 급속히 위축되는 계기가 되었고, 화학물질 제조나 유전공학 등 복잡한 과학기술에 대중의 관심을 유발시켰다. 이처럼 대중의 위험 지각은 사회적으로 확산되면서 관련 산업, 나아가 간접적으로 연결된 타 산업 분야에까지 엄청난 영향을 미칠 수 있다.

우리나라의 경우 2008년 한미 간 소고기 수입 조건 개정 협상이 재개되면서 반발이 확산되어 나라 전체가 혼란에 휩싸였다. 미국산 소고기 수입 반대 촛불집회는 100여만 명이 참가하는 대규모 시위로 확대되었다. 이 사건은 새로 출범한 이명박 정권을 크게 위협했다. 또한 한국산 소고기뿐 아니라 육류 전체의 공포로 확대되면서 축산업을 전반적으로 위축시키는 사회 문제를 야기했다.

대중은 잘 모르는 분야일수록 부정적 정보가 제시되면 대상에 대한 감정이 순식간에 부정적으로 변한다. 이는 사람들이 감정추단을 사용하고 있음을 의미한다. 잘 알려지지 않은 기술에 위험과 이득의 정보를 균형 있게 제공하는 커뮤니케이션 활동이 이뤄지면 잠재적 위험을 덜 느끼게 된다는 것을 의미하기도 한다.

특히 유럽, 미국, 일본 각지에서의 원전 사고에서 대중이 느끼는 서로 다른 영향은 위험 커뮤니케이션 연구에 의미 있는 시사점을 준다. 프라티Prati와 자니Zani가 이탈리아에서 행한 2011년 후쿠시마 사고 조사에서는 원전 사고가 대중에게 많은 영향을 끼쳤다고 밝혔다. 그들은 후쿠시마 사고가 신뢰와 위험 지각, 친원전 태도와 반핵 행동 의도 모두에서 큰 변화를 발견했다. 원자력 발전소가 없는 이탈리아의 조사 결과는 반핵 성향이 증가한 반면 발전소를 보유한 네덜란드 등의 다른 국가에서는 큰 변화가 없었다는 차이를 눈여겨봐야 한다. 이는 그 지역이나 국가에 원자력 발전소의 존재 여부에 따라 원전에 대한 사람들의 신념이 달라진다는 점을 시사하고 있기 때문이다.

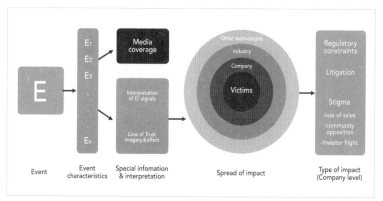

출처: Slovic, P., 1987.

또한 공포와 같은 감성^{emotions} 내지 감정적 무드를 고려한 위험 연구는 대중의 집단적 패닉과 관련 있음을 보여준다. 로웬스테인^{Loewenstein}에 따르면 사람들은 두려운 것의 존재가 무엇인지 정확히 알지 못하면서도 공포를 경험할 수 있다. 이러한 감성적 위험 평가는 인지적 평가와 달리 최소한의 인지 과정을 거치고도 발생할 수 있으며 특정 위험과 연계된 생생한 이미지, 위험 발생의 시간적 근접성, 그 밖의 다른 요소에 의해 영향을 받을 수 있다.

이러한 이유 때문에 사람들은 종종 자신이 특정 위험과 관련해 경험하는 공포와 위험 자체가 주는 위협의 인지적 평가 사이에 간극이 발생하는 것이라고 분석한다. 따라서 위험 정보를 제시하는 방식이나 방법에 따라 위험 지각 및 평가, 의사결정이 달라진다. 그러므로 위험 발생 초기에 위험의 틀^{framing}을 제대로 구성하는 것이 중요하다.

한국인의 냄비 근성과 피드백 루프

　　　　　　　　　한국 사회에서 위험의 확산과 소멸은 한국인의 냄비 근성을 잘 보여준다. 특정 이슈가 사회적으로 심각한 위험으로 받아들여지다가도 그 순간이 지나면 언제 그랬냐는 듯 빠른 속도로 소멸된다. 냄비 근성의 근원 역시 한국인 특유의 집단주의라 할 수 있다. 서강대 나은영 교수는 한국인의 집단주의가 타인에게서 소외되는 것을 두려워하는 '동조' 행위로 나타난다고 설명했다. 위험 인식에 있어서도 한국인은 집단의 결정에 크게 의존하기 때문에 집단 논리에 쉽게 변화하는 '쏠림' 현상을 보인다는 것이다.

　　한국 사회는 피드백 루프가 빠르다. 사회적 확산이 빠른 특성이 있다는 의미다. 이는 집단주의적 특성의 영향이 크다. 개인적으로 내가 다른 생각을 하는 것이 불편하다. 남들이 위험하다고 하면 위험하다고 느낄 것이고, 그러다 보니 위험의 확산도 빠르고 대신 소멸도 빠르다.

　　한국인의 냄비 근성으로 여러 사회적 위험이 적절하게 관리되지 못하고 있다. 특히 위험 관리의 책임자인 정부나 관련 조직이 위험을 적극적으로 관리하지 않은 채 사람들의 인식 속에서 사라져 주기를 기다리는 경향을 보인다는 점이 대표적이다.

　　국민이 잘 알아들을 수 없는 전문용어로 괜찮다고 하고, 정책적으로 다른 센세이셔널한 이슈로 막아 버린다. 어느 정치적 사건이 논란되다가도 연예인 사건이 터지면 일제히 그쪽으로 관심이 쏠린다. 이러한 일이 반복되면 국가 권력에 속았다는 생각을 하게 된다. 아마 지금도 모르고 지나가는 사건이 적지 않을 것이다.

로저 카스퍼슨Roger Kasperson은 '위험의 사회적 확산이론social risk amplification process'에서 "위험 지각은 주변 여건에 따라 상승하고 확장되며, 서로 연결돼 엄청난 파괴력을 발휘할 수 있다"고 말했다. 이를 고려할 때 한국인이 느끼는 위험 지각의 특징과 그 위험 지각이 상승하고 발전하는 메커니즘을 면밀히 고찰해야 한다. 1998년 미국산 소고기 사태의 경우, 그 이전에 발생했던 GMO 식품의 수입, 칼날 참치캔, 쥐머리 새우깡 등 일련의 사태에 의해 상승되고 확장된 측면이 있다. 당시 정부가 국민의 먹거리 위험에 대한 지각을 미리 감지했다면 소고기 수입에 사회적 공론화 과정을 시도할 가능성도 있었을 것이다.

악성 루머

연예인 사생활부터 기업의 악성 루머까지 인터넷 커뮤니티와 SNS 를 통해 누구나 접할 수 있는 '찌라시'는 언제나 사람들의 이목을 끈다. 루머는 진실성을 전제 조건으로 하지 않음에도 사람들은 진 위에 의구심을 품지 않은 채 그대로 믿고 퍼뜨린다. 이는 예측 불 가능한 사건사고가 계속되는 세상에서 살아가는 사람들의 불안이 이성을 마비시킨 결과다.

'찌라시'
전성시대

찌라시는 원래 일본말로, 우리나라 에서는 '선전지'로 순화해서 쓰지만 정작 이 단어가 쓰이는 상황은 좀 색다르다. 찌라시는 '값싸다', '무가치하다'는 뜻에서부터 '믿을 수 없는 유언비어'까지 다양한 의미로 쓰인다. 찌라시가 본래의 의미 이상으로 쓰이기 시작한 것은 '안티조선' 운동이 펼쳐질 때와 시기적으로 비슷하다. 〈조선일보〉가 보여준 저급한 편향적 보도 행태에 주목하면서 사람들은 〈조선일보〉를 '찌라시'로 부르기 시작했던 것이다.

증권가의 정보지가 본격적으로 발행되기 시작한 것은 1970년대였다. 정경유착이 심했던 1970년대 대기업 간부들이 정계 관계자와 나눈 대화를 정리한 것이 정보지의 시초였다고 한다. 이러한 정보지는 주식 투자를 비롯한 증권가에서 도움이 되는 소식을 담고 있었다. 1980년대 중반부터 증시의 규모가 커지면서 정보지를 생산해내는 사설업체까지 등장했다. 여의도가 정보지의 생산과 유통의 중심지가 된 이유이기도 하다. 정보지에 실리는 정보성 루머는 몇몇 정보 모임에서 생겨난다. 모임의 주요 구성원은 국회의원 보좌관, 증권사나 은행 등 금융업 관계자, 언론사 기자, 전직 국정원 관계자, 대기업 정보 담당자, 경찰, 검찰 관계자 등이다. 이들은 각자의 분야에서 네다섯 개의 정보를 공유하며 하나의 정보지에 취합한다. 이 정보지는 각 기관의 최고위층에게 보고되는데, 사설 정보지업체가 개입하여 최초 정보지를 중소기업, 개인 투자자, 정계인사에게 유료로 판매했다. 이 과정에서 온라인 커뮤니티나 메신저 서비스를 통해 내용이 유출되고 급속도로 확산되기 시작한다.

이러한 찌라시가 다시 조명받은 것은 2007년 남북정상회담 회의록 비밀 누설 의혹에서다. 정보를 누설한 김무성 새누리당 의원은 회의록의 내용을 '찌라시 형태로 된 문건'에서 확인했다고 말했다. 그의 변명은 야당과 시민사회 단체의 조롱을 받았지만 검찰은 그를 무혐의 처리함으로써 진실은 끝내 밝혀지지 않았다.

2014년 이후 찌라시가 다시 뜨거운 뉴스로 떠오른 것은 이른바 박근혜 대통령의 비선 관련 '정윤회 문건'으로 촉발된 국정농단 의혹이다. 청와대는 문제의 문건을 가리켜 찌라시라 했고, 보수 일간지의 논설위원도 '딱 그 수준'이라고 말했다. 이후 이 찌라시 공방은 계속되었다.[11]

너무 쉽게
낚이는 사회

삼성그룹 이건희 회장의 사망설은 어떻게 유포되었을까? 2016년 6월 30일 주식시장을 혼란에 빠뜨렸던 '이건희 삼성 회장 사망설'의 최초 유포자는 미국에 거주하는 30대 한국인 남성인 것으로 드러났다. 서울지방경찰청은 이 회장이 사망했다는 거짓 글을 인터넷에 게시한 혐의로 미국에 거주하는 최씨를 지명 수배했다.

경찰에 따르면 최씨는 사망설을 담은 찌라시가 카카오톡을 통해 본격적으로 확산되기 전날인 6월 29일 오후 7시 55분 극우 성향 인터넷 커뮤니티인 일간베스트저장소(일베) 게시판에 '[속보] 이건희 전 삼성 회장, 29일 오전 사망'이라는 제목의 글을 올렸다. 최씨는 이 글이 실제 언론 기사인 것처럼 속이기 위해 한 인터넷 언론사가 '이건희 회장이 사망했다'고 잘못 보도했던 2014년 5월의 오보^{誤報} 기사에서 사망 일자와 보도 일자를 교묘히 바꾼 그림 파일을 첨부했다.

['삼성 이건희 회장 사망설' 찌라시 사건 경과]

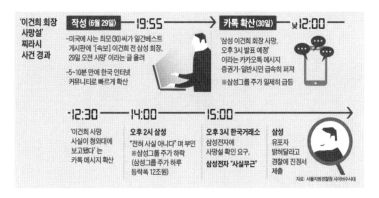

일베 사이트 관리자는 최씨가 올린 글을 10분 만에 삭제했지만 이미 인터넷과 SNS를 타고 퍼질 대로 퍼진 뒤였다. 네티즌들이 최씨가 글을 올린 지 3~5분 만에 다른 커뮤니티 등에 최씨의 글을 복사해 옮겼기 때문이다. 최씨의 글은 다음 날 정오 12시쯤 '삼성 이건희 회장 사망. 오후 3시 발표 예정'이라는 한 줄짜리 메시지로 변형되어 카카오톡을 타고 급속히 퍼졌다. 이 찌라시 내용이 4,800만 명이 가입한 카카오톡을 통해 불과 1시간도 안 돼 급속도로 퍼지면서 삼성그룹의 주가가 하루 동안 12조 원 넘게 출렁거렸다.

사건을 수사한 서울경찰청 사이버수사대 김태형 경감은 "밤사이 인터넷 커뮤니티를 통해 공유된 찌라시가 다음 날 SNS를 통해 온 국민이 믿는 사실로 둔갑하기까지 채 하루도 걸리지 않았다"고 말했다.

최씨는 국제전화와 이메일 등으로 이뤄진 경찰 조사에서 거짓 글을 올린 이유를 이렇게 말했다.

> 많은 사람이 관심을 가질 법한 이 회장 사망설 관련 글을 게시하면 일베 회원들 추천을 받아 인기 글로 등록돼 포인트를 쌓을 수 있기 때문이다.

그러나 경찰은 최씨가 앞서 삼성전자 주가와 거래량 그래픽을 인터넷 사이트에 올린 점을 근거로 주가 차익을 노린 계획적 범행일 가능성이 크다고 보았다. 또 주가 조작을 전문으로 하는 다른 작전 세력의 개입 가능성도 있다고 추정했다. 이는 최씨가 4~5월에 일베 게시판에 '야 XX 이건희 사망했다. 속보다', '[속보] 이건희, 한방의학으로 소생' 등 2개의 거짓 글과 함께 삼성전자 주가 차트를 게시한 적이 있기 때문이다.[12]

전문가들은 이 사건이 과거 종이 보고서 형태였던 찌라시가 SNS를 타고 국민의 일상생활 속으로 파고든 대표적 사례라고 지적했다. 찌라시는 과거 증권업계를 중심으로 한 '여의도팀'과 사채 시장이 중심이 된 '명동팀' 등이 만들어 유통시켰는데, 이를 받아보는 사람이 많지 않았다. 하지만 지금은 초등학생까지 카톡으로 찌라시를 받아볼 만큼 유포 속도가 빨라지고 파급력이 커졌다. 많은 사람이 "찌라시에는 연예인의 사생활 같은 은밀한 진실이 담겨 있다"고 오해하고 있어서 이러한 오해 때문에 출처 불명의 찌라시가 더 활개를 치는 것이다.

악성 루머에
떠는 기업들

동일본 대지진이 발생한 2011년은 국내 식품·소비재 업계 최악의 '악성 루머 시즌'으로 꼽힌다. 상당수 기업이 누군가가 유포한 SNS 괴담으로 어려움을 겪었기 때문이다.

LG생활건강은 생리대 '바디피트'에 사용되는 흡수제가 일본 후쿠시마 원자력 발전소 근처에서 생산되기 때문에 방사능에 노출됐을 수 있다는 괴담에 시달렸다. 괴담은 "LG생활건강이 일본의 유니참과 합작회사로 설립한 LG유니참의 현지 생산 공장이 후쿠시마에 있다. 생리대를 통해 방사능에 노출되면 바깥 피부로 노출되는 것보다 위험하다"는 식으로 아주 구체적인 내용이었다. 그러나 바디피트의 흡수제 생산 공장은 후쿠시마에서 650킬로미터 이상 떨어진 곳에 있고 나머지 제품의 원료는 모두 국내에서 생산되었다. 사실상 방사능과 아무 상관이 없었지만 이 괴담으로 매출이 감소하는 결과가 발생했다.

스타벅스와 파리바게뜨 역시 '후쿠시마 방사능 괴담'에 시달렸다. 스타벅스는 방사능에 오염된 일본산 녹차 잎을, 파리바게뜨는 세슘이 발견된 일본산 밀가루를 사용한다는 악성 루머가 SNS로 떠돌았기 때문이다. 업계 관계자는 "동일본 대지진 뒤 터져 나온 방사능 괴담은 지금까지도 식품과 소비재 기업 사이에서는 이야기를 꺼내는 것조차 금기시될 정도로 충격과 피해가 컸다"고 말했다.

대기업의 홍보 담당자는 트위터와 페이스북 등의 SNS를 이렇게 표현한다.

언제 어떻게 악성 바이러스가 퍼질지 모르는 위험한 미세 혈관.

발 없는 소문이 천 리를 간다는 속담이 실감나게 느껴진다. 문제는 SNS에 올라오는 정보 중 사실이 아닌 소문이 너무 많다는 점이다. SNS에 떠도는 말 때문에 개인만 피해를 보는 것이 아니다. 근거 없는 악성 '루머'는 기업이나 기관의 명예에 치명상을 입히거나 경제적 피해를 준다. 이에 기업의 홍보 부서는 SNS에 올라오는 회사와 최고경영자에 대한 소문을 파악하기 위해 신경을 곤두세우고 있다.[13]

정치경제계의 유명 인사, 연예계 스타, 유명 스포츠 선수 등의 루머는 찌라시라는 명칭까지 붙여지면서 세간에 아주 빠르게 전달되고 있다. 과거 루머는 폐쇄적인 정보 공유 수단으로 전달되어 아는 사람이 한정되어 있었다. 루머가 더 많은 사람에게 알려지면 루머의 당사자는 활동 자체를 그만두어야 할 정도의 큰 파문에 휘말려야 했다. 반면 이제 루머는 누구나 SNS를 통해 한 번쯤 받아본, 혹은 공유한 경험이 있는 접근성 높은 뉴스로 변화했다.

과거에는 대중에게 퍼지는 데 일주일 이상 걸렸던 루머가 이제는 한나절이면 대다수 시민이 알게 될 정도다. 한 연구자에 의하면 찌라시에 등장한 정보 중 사실로 확인되는 경우는 20~30%이라고 한다.

또 다른 문제는 악성 리플, 악플이다. 2008년 최진실의 죽음은 악플이 원인이었다는 지적도 있다. 최진실 외에도 많은 유명인이 악플로 고통받고, 극단적으로는 자살을 선택하는 경우를 볼 수 있다. 이는 무형의 언어가 인간에게 미치는 폭력성을 보여준다. 얼마 전 드라마 〈응답하라 1988〉에서 큰 인기를 얻었던 연기자 류준열에게 때 아닌 일베 논란이 일어났다. 네티즌은 류준열을 맹비난했다. 급기야 류준열은 이에 대해 해명하고 루머를 퍼트린 네티즌을 상대로 경찰에 수사를 의뢰하기까지 했다. 드러난 정황상 누군가의 음해로 일베 논란이 일어났고, 커뮤니티 사이로 급격하게 퍼지면서 사실 확인을 하지 않은 채 류준열이 일베라고 단정지은 것으로 보인다.

가수 타블로의 경우도 재판에서 진실이 밝혀졌고 주동자에게는 최고 2년 6개월의 형량이 선고됐음에도 여전히 '타진요' 등에서 의혹을 제기하고 있는 상태다. 여성 연예인의 경우는 정도가 더 심하다. 한 걸그룹 멤버의 경우 악성 루머로 데뷔 이틀 전에 빠져야 했고, 거의 1년여의 시간이 지난 다음에야 합류할 수 있었다.[14]

국방부는 정부 내 최대 'SNS 피해 부처' 중 하나로 꼽힌다. 국방부는 "닭, 오리, 달걀을 먹어도 조류인플루엔자^{AI}에 걸릴 수 있다"는 내용과 함께 "AI가 발생한 뒤 군대 식단에는 닭만 나온다"는 루머가 확산되어 고초를 겪었다. 루머가 퍼지자 국방부는 군 급식이 AI와 상관없다는 해명 자료를 내고 대응에 나섰다.

2010년에는 '천안함 사태' 관련 SNS의 악성 루머와 전쟁을 치른 바 있다. 당시 SNS를 중심으로 온라인에서는 "미군 잠수함이 훈련 도중 천안함을 실수로 공격했다", "천안함은 암초에 부딪혀 좌초됐다"는 주장이 꾸준히 제기되며 퍼져 나갔다. 특히 이 루머들은 천안함 침몰이 북한의 공격에 따른 것이었다는 국제 차원의 공식 조사 결과가 발표된 이후에도 이어졌다.

루머로
파산 직전까지 간 기업

1987년 미국의 브루클린 보틀링^{Brooklyn} Bottling사는 파산에 직면했다. 이 회사는 현 소유주인 에릭 밀러^{Eric Miller}의 할아버지 잭 밀러^{Jack Miller}가 50년 전에 설립한 가족 기업이다. 뉴욕을 기반으로 사업을 영위하는 작은 음료 제조회사였는데 코카콜라와 펩시 때문에 서서히 사라져간 다른 음료 회사의 운명을 그대로 따라가고 있었다.

다행히 밀러는 틈새시장을 찾았다. 1990년대에 밀러는 뉴욕의 빈민가에서 소프트드링크인 '트로피컬판타지' 600cc짜리를 49센트에 판매했다. 같은 시기에 코카콜라와 펩시콜라는 480cc 음료를 80센트에 판매했다. 밀러는 더 싼값에 더 많은 양을 제공해 눈길을 끌었다. 그 시절에 과일 맛 탄산음료는 찾아보기 힘들었고, 경쟁 상품도 전무하다시피 했기 때문이다.

이 전략은 크게 성공했다. 1990년에 브루클린 보틀링의 매출은 전년보다 50% 증가한 1,200만 달러로 급상승했다. 그런데 누군가가 거짓 소문을 만들어 전단지로 퍼뜨렸다.

주의!! 주의!! 주의!!

흑인과 소수인종 집단 여러분, 텔레비전으로 〈20/20〉를 보신 적이 있습니까?

꼭 알아두세요. 50센트짜리 음료인 '탑팝Top Pop'과 '트로피컬판타지'는 KKK가 제조한다고 합니다.

이 음료에는 흑인을 말살시키기 위한 불임약이 함유되어 있습니다. 또 무엇이 들어 있을지 알 수 없습니다.

그 증거로 이 음료들은 할렘가와 소수인종이 사는 지역에서만 판매되고, 시내 중심가에서는 찾아볼 수 없습니다. 주위를 한 번 둘러보세요.

분명히 경고합니다. 우리의 아이들을 구합시다.

〈20/20〉은 미국 ABC 방송국에서 1987년부터 방영하는 대표적 시사 프로그램이며, KKK^Ku Klux Klan는 남북전쟁 후 노예제에 찬성했던 남부의 옛 노예 소유자 계급이 흑인 노예 해방에 반대하기 위해 세운 백인 우월주의 단체다.

이 전단지는 거짓 소문에 사실을 교묘히 이용해 신뢰도와 파급력을 더했다. 실제로 트로피컬판타지는 할렘 지구와 소수인종이 사는 지역에서만 판매되고 있었기 때문이다. 즉 이 소문은 밀러의 마케팅 전략에서 비롯된 의도되지 않은 불확실성을 이용한 것이었다. 유명 시사 프로그램 〈20/20〉에서는 실제로 이러한 내용이 방영된 적이 없었다. 그러나 "이 음료들은 왜 이렇게 싸지? 왜 빈민가에서만 팔지?"라는 의구심을 통해 전단지가 신뢰할 만한 정보를 인용했다는 점에서 얼핏 진실성을 갖춘 것처럼 보였다. 결국 이 전단지는 흑인 사회를 공포로 몰아넣었다.

음료수에 불임약을 넣었을지도 모른다는 이야기가 오늘날 백인 사회에서는 우스갯소리로 들리겠지만 역사를 살펴보면 그렇게 간단하지 않다. 1950년대 미국의 몇몇 주는 비합법적으로 아이를 낳은 여성에게 의무적인 불임을 입법화하려 했기 때문이다. 1960년대 정부는 가족계획병원을 재정적으로 지원했다. 그런데 그 병원은 지역 내에 있는 흑인과 라틴계의 인구에 비례해 세워진 것으로 드러났다. 이에 흑인 사회에서는 백인이 권력을 유지하기 위해 흑인의 인구수를 줄이려 한다고 믿을 수밖에 없었다.

밀러는 적극적으로 대응했다. 먼저 뉴욕시 보건과에 음료수의 안전성을 입증해달라고 의뢰했다. 직원들은 직접 길거리로 나가 소문의 반박문을 나눠주었다. 또한 흑인 시장이었던 데이비드 딘킨스David Dinkins가 공식석상에서 트로피컬판타지를 마시는 모습도 보여주었다. 다행히 성과가 있었다. 이듬해 6월부터 매출액이 이전 수준을 회복한 것이다. 브루클린 보틀링은 이렇게 악성 루머를 이겨냈다.[15]

적극적으로
소통에 나서야 하는 이유

일부 기업은 악성 루머에 적극적으로 대응한다. 삼성그룹이 대표적이다. 2012년 2월 정부는 바지락 채취 같은 '맨손 어업'에 대기업도 진출할 수 있도록 규제를 완화하겠다고 발표했다. 우석훈 성공회대 교수는 자신의 트위터에 '어촌 민영화의 시작이 삼성중공업이다'는 내용의 글을 올렸다. 또 인터넷 팟캐스트 '나는 꼽사리다'에서는 "갯벌 민영화를 삼성중공업이 추진했다"고 주장했다.

'삼성이 어업까지 장악하려 한다'는 루머가 퍼지자 삼성중공업은 우석훈 교수의 트위터에 '정확한 근거를 제시해달라'는 내용의 해명 요청 글을 여러 차례 남겼다. 결국 우 교수는 트위터에서 "('나는 꼽사리다'를) 다시 들어봤는데 삼성중공업이 '계기'가 됐다고 말했어야 할 부분을 '추진'으로 잘못 말했군요"라고 정정했다.

이와 관련해 삼성 관계자는 "인터넷에서 발생하는 괴담에 일일이 반응하는 게 번거롭지만 최근 SNS를 통해 워낙 빠르게 유통되고 '진실'로 둔갑하는 경우가 너무 많다"며 "악성 루머의 전파 속도가 빠르다고 판단되면 SNS를 통해서도 적극 대응할 방침"이라고 전했다.

굶주린 시민에게 "빵이 없으면 케이크를 먹으면 되지"라는 철없는 발언으로 유명한 마리 앙투아네트. 그러나 역사책 어디에도 그녀가 했던 말이라고 나와 있지 않다. 프랑스 혁명군이 퍼뜨린 루머이기 때문이다. 즉 사치와 허영의 대명사로 낙인찍힌 그녀는 루머의 피해자라 할 수 있다.

현대 사회는 더욱 심각하다. 트위터, 페이스북 등 SNS의 대중화로 버튼 하나만 누르면 수십, 수백 명에게 전송이 가능한 세상이다 보니 루머의 확산 속도도, 사회적 파장도 걷잡을 수 없다. 그래서 정치인, 연예인, 기업 등 분야를 막론하고 루머의 피해자가 속출하고 있다. 날마다 거짓 루머의 반박 기사가 나오고, TV에서 눈물을 흘리며 억울한 심경을 토로하는 유명 인사를 볼 수 있다. 일반인도 예외는 아니다.

조금만 '이것이 사실일까?', '진짜 일어날 가능성이 있는 일인가?', '내 주위에 실제로 그런 경우가 있었는가?'라는 의구심을 품어본다면 루머의 진위를 금세 알아낼 수 있고 루머를 믿거나 퍼뜨리지 않을 것이다. 그렇지만 인간의 불안이 이성을 마비시킨다. 예측 불가능한 사건사고가 연속하는 세상을 살아가는 사람들은 이성보다 감정에 기울어진다. 하루가 멀다 하고 북한 관련 루머가 떠도는 우리나라 상황을 생각하면 쉽게 이해할 수 있을 것이다.[16]

루머의
영향력

커피 자판기 주위, 회사의 흡연실, 학교 화장실, 인터넷 채팅방 등 사람이 모이는 곳이라면 어디든 루머가 존재한다. 루머가 생기고 퍼지는 것은 어쩌면 자연스럽고 정상적인 현상이다. 시대와 문화를 막론하고 존재하며 누구나 루머를 경험한다. 그러나 모두가 알고 있듯 때론 루머가 상상을 초월하는 결과를 낳는다. 우리가 주목해야 하는 것은 루머라는 '자연스러운 현상 속에 숨어 있는 비정상적인 힘'이다. 개인과 사회를 휘두르는 루머의 영향력에 세계적인 루머 전문가이자 〈루머 사회The Watercooler Effect〉의 저자인 니콜라스 디폰조Nicholas DiFonzo는 루머를 이렇게 정리했다.[17]

①사람의 눈을 가린다

히틀러는 경제난으로 힘들어 하는 독일 국민에게 경제공황의 원인이 "유대인이 경제를 장악하고 실업자를 양산하고 있기 때문"이라는 루머를 퍼뜨렸다. 그 결과 예전과 달리 독일인은 유대인을 향한 부정적 선입견을 갖게 되었고, 유대인 학살을 정당화했다. 이처럼 루머는 의견, 선입견, 공포, 애정, 명성뿐만 아니라 선거에서 행사하는 한 표, 사귀게 될 친구, 진학, 취업 등에도 영향을 미친다.

②위험을 경고한다

2007년 중국에서는 '바나나에 사스 바이러스가 있다'는 루머가 휴대폰 메시지를 통해 퍼졌다. 황당한 내용이었지만 사스 공포로 사람들은 바나나를 기피했다. 정부에서 완전한 거짓 정보임을 증명하고 알렸으나 소용이 없었다. 아무리 루머라 해도 사람들은 '혹시 정말 위험할 수 있다'는 경고 메시지로 받아들인 것이다.

③미래를 예측한다

정계, 재계, 언론, 연예가 등 다양한 방면의 정보가 유통되는 증권가 사설 정보지(찌라시)가 대표적인 예라 할 수 있다. 투자자는 루머에 따라 주가가 상승할지 하락할지를 예상하고 그에 따라 행동한다.

④상황을 인식하고 대처한다

비슷한 일을 하는 비슷한 경력의 다른 사람이 자신보다 많은 연봉을 받고 있다는 루머를 듣는다면 자신의 연봉과 비교하고 공정한 수준을 요구하게 될 것이다. 즉 타인이나 타 집단

의 루머로 자신 혹은 자기가 속한 집단을 파악하고, 상황에
대처하려는 동기를 부여받는다.

루머의
확산 과정

　　　　　　　　　루머의 확산에는 루머가 사실일 것
이라는 진실성을 전제조건으로 하지 않는다. 루머의 사실 여부를
확인할 수 없으며 신뢰성도 의심되는 원천에서 나왔음에도 결국
확산되는 모습은 수면자 효과^{sleeper effect}로 설명할 수 있다. 최초에 신
뢰할 수 없는 원천으로부터 루머를 들었을 경우 개인은 그 메시지
를 손쉽게 받아들이지 못하지만 시간이 지나면 신뢰성 정보는 망
각되고 오로지 메시지만 기억에 남는다. 진위와 관계없이 쉽게 확
산되는 것이다. 한번 발생되고 확산이 시작된 루머를 합리적 설득
과 노력을 통해 중도 저지한다는 것은 사실상 어렵다.

　　보르디아^{Bordia}와 디폰조^{DiFonxo}는 불확실성^{uncertainty}이 루머를 전달
하려는 중요한 동기로 작용한다고 주장했다. 즉 사람들은 공식적
정보의 활용이 불가능한 모호한 상황에서 벗어나기 위해 루머를
만들고 전달한다.

　　2013년 '독도를 다케시마^{竹島}로 바꾸기 위한 운동'에 유니클로,
아사이, 마일드세븐, 시세이도, 소니 등 글로벌 기업이 후원하고
있다는 이야기가 각종 SNS를 통해 확산되면서 파문이 일었다. 인

터넷 관련 업계에 따르면 지난 수년 동안 SNS와 온라인 커뮤니티에서 글로벌 기업이 일본의 '다케시마 후원 운동'에 참여하고 있다는 이야기가 떠돌았다. 해당 논란에는 글로벌 기업으로 잘 알려진 유니클로, 헬로키티, 아사히, 마일드세븐, 시세이도, 훼미리마트(현 CU), 세븐일레븐, 소니, 닌텐도, 캐논, 다이소, 하이테크, 아식스 등이 거론됐다.

몇몇 기업은 이 논란을 잠재우기 위해 사실무근이라고 입장을 표명했으나 아직도 완전히 사그라들지 않은 실정이다. 글로벌 의류 기업 유니클로는 "근거 없는 소문이기 때문에 조용하게 상황을 지켜보며 소문이 사라지길 기다리고 있다. 다만 소문이 장기화될 경우 대응책 마련을 고민 중"이라고 밝힌 바 있다. 이와 관련해 대표적 편의점 브랜드 중 하나인 CU도 근거 없는 루머에 억울하다는 입장을 표명했다. 특히 CU의 경우 2012년 훼미리마트의 브랜드 로열티 계약이 끝나고 새로운 브랜드로 단장했음에도 이 괴담에서 벗어나지 못했다.

독도의 다케시마 바꾸기 운동을 후원한다는 것은 근거 없는 루머다. CU는 국내 기업이다. CU로 바뀌기 전 일본에서 훼미리마트를 로열티를 주고 사용하긴 했지만 당시에도 다케시마를 후원한 적은 없다. 도리어 우리는 독도를 위해 물품 등을 후원하고 있다. 그런데도 SNS를 통해 반일 감정과 더불어 왜곡된 사실이 퍼지면서 매우 곤혹스러운 입장에 놓여 있다. 사실 우리 기업이 독도를 후원하는 것과는 아무런 연관성도 없다.

하지만 이렇게 기업이 억울한 입장을 토로해도 '다케시마 후원 기업 괴담'은 수그러들지 않고 있다. 그 이유는 사실상 진위 파악이 어렵기 때문이다. 아무리 기업이 아니라고 억울함을 표명한다 해도 사람들에게는 아니라고 믿을 수 있는 확정적 증거가 눈에 보이지 않는다. 더욱이 거론된 글로벌 기업은 일본에 본사가 있거나 일본 기업과 연관이 있었기 때문에 논란은 쉽게 수그러들지 않는 것이다.

더불어 일본이 군위안부 등 과거사 문제를 왜곡하려는 태도를 취할 때마다 이 같은 루머는 SNS와 온라인 커뮤니티 등에서 확산되면서 반일 감정을 더욱 고조시키고 있다. 이로 인해 수년째 '다케시마 후원 기업 괴담'에 이름이 오르내리고 있는 기업은 아직까지 직접 대응을 자제하며 조심스럽게 상황을 주시하고 있다.[18]

오바마 대통령도
루머에

2008년 제44대 미국 대통령 선거가 치러지기 전, 민주당 당내 경선에서 오바마가 이길 것이라고 생각한 사람은 아무도 없었다. 힐러리의 당내 기반이 워낙 견고한데다 오바마는 힐러리 클린턴에 비하면 거의 신인이나 다름없는 상황이었기 때문이다. 당시 오바마는 겨우 초선 상원의원이었다. 그런 탓에 민주당 경선은 사상 유례 없는 치열한 혈전을 치렀으나 오히려 이것이 흥행 요소가 되어 오바마를 유력 후보로 만드는 데 기여했다.

초기 경선이 뜨거워져야 본선 경쟁력도 높아지기에 힐러리는 오바마의 출마와 선전을 부추겼지만 오바마가 이겨 버렸다. 민주당의 큰 세력이 된 소수인종, 특히 흑인에게서 많은 지지를 받은 것도 깜짝 승리의 원동력이 되었다. 그러나 위기도 있었다. 다름 아닌 '오바마는 이슬람교도'라는 소문 때문이었다.

2008년 남캘리포니아에서 열린 민주당 예비 선거 일주일 전에 오바마는 그를 겨냥해 오랫동안 나돌던 소문에 강력하게 반박했다. 그는 기독교 방송의 데이비드 브로디와의 인터뷰에서 소문의 설명을 시작으로 조목조목 명백하게 반박했다.

저는 시청자 여러분께 20년 동안 같은 교회에 다니고 있는 기독교인임을 분명하게 밝히는 바입니다. 아내와 제가 결혼하고 우리 아이들이 함께 시간을 보내는 곳도 그 교회입니다. 저는 성경에 손을 얹고 직무 서약을 했습니다. 의회가 열렸을 때 국기에 대한 맹세를 이끌었습니다. 세 살 이후로 국기에 대한 맹세를 계속 읊고 있습니다.

남캘리포니아의 오바마 선거 진영에서는 그를 "삶 속에 예수 그리스도를 받아들이고 신의 가호를 느끼는 헌신적 기독교인"으로 보이도록 온갖 애를 썼다. 그 결과 '오바마가 이슬람교도'라는 소문을 사라지게 만들었다. 또한 브로디와의 인터뷰에서 오바마는 그 소문이 정치꾼들의 조직적인 중상모략이며, 개인적으로 매우 모욕을 느낀다고 말했다. 그리고 그가 왜 굳이 이러한 반박을 하는지를 설명해 소문의 불명확함을 잠재웠다.

> 저는 정치권에서 그동안 너무나도 익숙하게 받아들인 이러한 더러운 속임수에 우리 국민이 더는 현혹되지 말아야 한다고 생각합니다. 저는 결코 이슬람교도가 아니며, 그랬던 적도 없습니다. 물론 이슬람교도도 존중받아야 마땅하지만, 예수 그리스도에 대한 제 종교적 믿음에 의문을 갖는 사람들과 악의적인 소문을 만들어내는 사람들에게 모욕감을 느낍니다.

오바마는 야비한 이야기를 퍼뜨리는 정치 라이벌을 실제로 기소하지 않았다. 물론 그에게 악영향을 끼치기 위해 거짓말을 만들어냈을 정치 라이벌의 존재 가능성은 언급했다. 그리고 나서 사람들에게 악의적 소문을 믿지 말고 주위 사람들에게 제대로 된 사실을 알려달라고 특별히 당부했다. 이것은 훌륭한 반박 전략이었다.

오바마는 자신과 관련한 소문의 내용을 대중에게 자세히 공개했다. 그리고 그 소문이 왜 거짓인지 증거를 대며 일일이 반박했다. 그 반박에는 대중에게 도움과 협조를 요청하는 메시지도 들어 있었다.

사람들이 누구를 도울지 결정하는 것에 대한 연구를 살펴보면, 방관자는 상황을 정확하게 이해하지 못한다. 도움을 필요로 하는 사람에게 책임감을 느끼지 못하고, 무엇을 어떻게 해야 하는지도 잘 모른다. 오바마는 방관자들에게 관심과 참여를 촉구했으며, 상황을 자세히 묘사하고 설명했다. 그리고 사람들이 앞으로 어떻게 행동해야 하는지도 침착하게 전달했다.

오바마의 승리를 이야기할 때 보통 '국민의 변화를 위한 갈망'이나 '부시에 대한 반감'을 든다. 그 요소가 승리를 이끌었다는 의견이 있지만 어떤 감정이나 사상이 존재하더라도 그것을 효율적으로 동원하지 못하면 정치에서는 아무런 의미가 없다. 오바마는 매우 효율적으로 수행해내는 조직을 창설하고 유지시켰으며 닥쳐온 위기에 적극적으로 대응했다. 오바마의 정치가와 조직의 장으로서의 능력을 입증한 것이다.[19]

3

오너리스크

오너리스크는 소유와 경영이 기업 오너에게 집중된 한국적 상황에서 많이 쓰일 수밖에 없는 용어다. 오너는 인사와 사업 전략에서 조직 문화에 이르기까지 모든 권력을 틀어쥐고 있다. 그런 이유로 오너리스크는 오너의 독단적 의사결정이나 파행이 기업에 직접적 피해를 입힐 가능성을 칭하는 용어가 됐다.

1980년대 국내 대기업에서는 홍보실 구축이 붐을 이뤘다. 노동 운동이 활성화되는 등 민주화 시기가 도래하며 기업은 환경 변화에 두려움이 컸다. 특히 제왕적 경영을 수행하던 오너십을 보호하기 위해 홍보 조직을 강화했고, 홍보 조직의 가장 큰 역할은 오너를 향한 공격을 방어하는 것이었다. 당시 언론은 기업의 약점을 이용해 광고를 따내는 등 상호 이익을 확보하는 기회로 사용했고, 그 결과 언론 매체가 폭발적으로 늘어나면서 언론 시장도 덩달아 확대되었다. 오너리스크의 대표적 사례로 2000년대 중반 두산그룹의 형제의 난을 들 수 있다.

재벌가의
형제의 난

2005년까지 두산의 전통은 형제 경영이었다. 두산그룹 초대 회장 박두병의 자녀 5명이 돌아가며 그룹 회장직을 맡아 그룹을 경영했다. 하지만 2005년 문제가 발생한다. 두산 일가가 박용곤, 박용오에 이어 박용성과 박용만으로 경영권을 승계하기로 결정하자 현직에서 물러나야 하는 박용오가 반발했다. 2005년 7월 21일 발생한 이른바 두산가 '형제의 난'이다.

위기감을 느낀 박용오는 박용성, 박용만이 비자금을 조성했다고 검찰에 고발했다. 형제 경영의 전통이 깨지는 순간이었다. 두산 오너 일가는 가족회의를 열어 박용오를 모든 직위에서 끌어내렸다. 이후 두산의 주가는 급락했고, 검찰은 비자금 수사를 시작했다. 오너리스크라는 단어가 한국 재계의 주요 이슈로 부상한 사건의 시발점이었다.

2000년대 중반 두산은 3세가 경영 무대에 등장하는 시기였다. 과거와 달리 3세가 경영권 분쟁의 당사자로 부상한 것이다. 박용오 회장은 경영 3세대인 아들들이 자리를 잃을까봐 형제의 난을 일으켰던 것일까? 그러나 대중은 그 아들들이 어떤 사람인지 알지 못했다. 3세들은 아버지 세대와 달리 사회적 검증을 거치지 않았기 때문이었다. 경영 승계 교육을 받았지만 그 시간은 일천했고, 직원들로부터나 사회로부터 인정받은 기록이 없었다.

사회적 검증을 거치지 않은 상속자들의 부상에 사회는 불신의 눈길을 보내기 시작했는데, 그 시기가 2000년대 중반이다. 이는 세대 개념으로 봐도 맞아떨어진다. 한국의 재벌은 대부분 1930년대 후반부터 1940년대에 설립됐거나 기업의 모습을 갖추기 시작했다. 그로부터 60~70년이 흘러 3세로 상속이 본격화되기 시작한 것이 2000년대 중반이다.

다른 기업도 마찬가지다. 탈세 혐의로 징역 3년을 선고받은 조석래 효성그룹 회장과 법인카드 유용 혐의로 집행유예를 선고받은 그의 아들 조현준 효성 사장, '형제의 난'을 계속하고 있는 신동빈 롯데그룹 회장과 그의 형 신동주 전 일본 롯데홀딩스 부회장, 탈세·횡령·배임 혐의로 징역 2년 6개월을 선고받고 구속집행정지 상태에 있는 이재현 CJ그룹 회장, 현재 대법원 심리가 진행 중인 '땅콩 회항'의 조현아 전 대한항공 부사장 등이 대표적인 사례다. 이미 상황이 종료된 사건들까지 따지면 30대 재벌 가운데 오너리스크를 경험하지 않은 곳이 거의 없을 지경이다.

2세의 경영권 상속까지는 1세의 가부장적 카리스마가 영향을 미쳤다. 이 영향이 미치지 않은 경우에도 2세는 어떻게 해서든 사회적 증거를 확보했다. 이를 통해 권력의 정점에 올랐다. 그러나 3세는 다르다. 사회적 검증도 거치지 않았고, 2세의 카리스마도 과거처럼 통용되지 않았다. 게다가 그들은 윗세대에 순응해야 하는 유교적 가치관에서 자유로운 세대다.

대한항공 땅콩 회항 사건 역시 이러한 시대적 배경과 정확히 맞아떨어진다. 상속, 사회적 검증, 미디어 환경 등이 모두 그렇다. 대한항공 부사장 조현아가 비행기에서 보여준 모습은 두 가지로 해석할 수 있다. 먼저 객실 담당 임원으로서 더 완벽함을 추구하기 위한 것이었다. 이는 대한한공이 사건 진행 기간 내내 주장했던 것이기도 하다. 또 다른 해석은 대한항공 상속에 대한 불만 폭발이라는 점이다. 대한항공이 오빠 조원태에게 돌아갈 것이라는 잠재적 불만이 승무원의 폭력 형태로 나타났다는 것이다.[20]

끊이지 않는
재벌가의 스캔들

2015년 A그룹의 B 회장이 한 언론사에 투고 형식으로 부인과의 이혼 의사를 밝혔다. 그룹 총수의 돌발 행동에 여론이 들끓었다. B 회장의 고백 이후 내연녀에 대한 갖가지 소식이 쏟아졌고, 내연녀와 그룹 계열사와의 아파트 거래를 둘러싼 의혹도 제기되었다. 금융소비자원은 B 회장을 검찰에 고발하겠다고 나섰고, 금융 당국은 현행법 위반 여부의 조사에 나섰다. 2015년 8월 광복 70주년 특별 사면으로 풀려난 지 4개월 만의 일이었다.

그러나 현재 상황으로는 2016년 B 회장이 밝힌 것과는 달리 이혼 절차가 정상적으로 이뤄지지 않을 가능성이 높다. 실제로 B 회장 부인은 이혼하지 않겠다는 의사를 밝혔다. 하지만 만약 이혼한다면 상당한 규모의 재산 분할이 진행될 가능성을 염두에 두지 않을 수 없다.

이러한 재산 분할의 불안감이 기업 전체를 흔들었으며, 오너리스크의 불안감에 투자 심리 또한 위축되었다. 그룹은 B 회장의 이혼 여부가 계열사 지분율 변동에 영향을 주지 않을 것이라고 밝혔으나, B 회장의 돌발 발표 이후 주가가 큰 폭으로 하락하면서 시장이 지속적으로 요동쳤다. B 회장의 재산 대부분이 두 사람의 결혼 이후에 형성된 점을 감안할 때 만약의 경우가 발생하면 상황을 낙관할 수만은 없다는 이유에서였다.[21]

중견 기업도 예외 없는 오너리스크에 멍들어가는 직원과 점주들

2016년 스폰서 부장검사 사건에 연루된 정운호 네이처리퍼블릭 대표 파문이 일파만파로 커지면서 화장품 브랜드 네이처리퍼블릭이 사상 최대의 위기를 맞았다. 특히 직원과 점주들이 겪는 피해와 고통이 커지면서 CEO의 개인 비리와 기업 경영은 분리해야 한다는 지적이 나왔다.

네이처리퍼블릭의 1분기 영업이익은 오너리스크 여파로 전년 동기 대비 77.6% 감소했고, K-뷰티도 매출이 43억 원 줄어들었다. 화장품 브랜드숍 순위에서도 아모레퍼시픽 에뛰드에 밀려 6위로 내려앉았다. 뿐만 아니라 네이처리퍼블릭 본사 및 전국 820여 매장에서 근무하는 3,000여 직원은 매장을 방문하는 고객의 발길이 줄어들면서 생계가 송두리째 흔들릴까봐 불안해했다.

2015년 10월 정운호 대표가 상습 도박 혐의로 구속 수감되면서 대표이사의 공백이 발생한 상황에서도 직원들은 묵묵히 최선을 다했다. 그러나 도박 사건이 각종 비리 의혹으로 확산되고 정운호 게이트로 번지면서 하루아침에 곤두박질친 브랜드 이미지에 허망함을 느꼈다. 특히 생계를 걸고 후발 주자인 네이처리퍼블릭에 투자한 가맹점주들이 직접 피해를 입었다. 수도권에 위치한 한 매장 점주는 이렇게 하소연했다.

> 학생과 젊은 층이 이용하는 상권이어서 스마트폰으로 기사를 보고 매장에 와서 한마디씩 하고 간다. 회사와는 별개인 개인의 문제라고 해도 피해가 고스란히 매장과 직원에게 오고 있다.

매장의 한 직원도 고충을 토로했다.

> 매출이 떨어지는 것보다 브랜드가 무너질까봐 불안해하는 직원의 이탈이 늘었다. 요즘 들어 다른 브랜드의 영업사원이 브랜드 교체 영업을 하러 매장에 자꾸 찾아와 너무 불안하다.

한국거래소 기업공개IPO 심사 조건에 오너의 도덕성 사항도 포함되는 만큼 야심차게 추진해온 네이처리퍼블릭 상장 작업도 사실상 무산됐다. 그에 따라 네이처리퍼블릭에 투자한 소액 투자자도 울상을 지었다. 주주가 2,000명을 넘어설 만큼 관심을 받던 네이처리퍼블릭 장외주식은 한때 17만 원으로 최고점을 찍었지만 최유정 변호사 사태가 불거진 이후 46,000원까지 곤두박질쳤다.

이처럼 오너리스크의 피해가 오너에게만 가는 것이 아니라 수많은 임직원과 비즈니스 파트너, 영세한 판매상, 주식 투자자 등 불특정 다수에게 돌아간다는 것이 문제로 꼽힌다.[22]

코리아 디스카운트 요인

오너리스크를 설명하는 데는 변화된 미디어 환경도 중요하다. 과거라면 루머 수준에 그쳤을 내용이 네티즌 검증을 통해 사실로 드러나는 경우가 다반사다. 언론도 통제되지 않는다. 몇몇 언론에 기사로 나오는 것은 막을 수 있어도 무수한 인터넷 매체를 통해 오너 관련 소식이 빛의 속도로 전파되는 것은 도리가 없다. 이러한 미디어 환경은 오너의 일거수일투족에 높은 뉴스 밸류를 부여한다. 한마디로 평판 시장의 발달이 오너리스크의 부상을 설명하는 한 축을 형성하고 있다.

서강대 국제경영대학원 조윤제 교수는 이렇게 지적한다.

재벌 문제는 단순한 시장의 집중도와 공정 경쟁 질서의 문제를 넘어 이미 우리 사회에서 정치적 문제로 발전해 있다. 또 재벌이 한국에서 단순한 기업 조직의 범위를 넘어 정치적, 사회적 조직의 범주로 들어섰다는 것을 뜻한다.

이러한 시선은 기업과 오너에게 더욱 큰 리스크로 작용한다. 정도를 벗어난 행동쯤으로 취급받을 만한 일이 사회 문제로 확대될 가능성이 크기 때문이다.

재벌의 후계 갈등은 어쩌면 필연적이다. 자본주의 역사가 일천해 소유와 경영이 제대로 분리되지 못한데다가, 기업이 정부의 특혜를 받으면서 고속 성장하는 과정에서 순환출자 등을 통해 문어발 확장을 하다 보니 불투명한 지배 구조를 형성하는 결과를 낳았다. 이 때문에 삼성을 비롯해 현대, SK, 롯데 등 대기업은 창업자가 일선에서 후퇴하고 후계 구도를 정해야 할 즈음 거의 예외 없이 갈등을 겪고, 그 과정에서 오너리스크가 돌출하는 패턴을 보였다.

재벌의 대표적 폐해는 '황제 경영'이다. 재벌 총수가 2~3%에 불과한 지분으로 수십 개의 계열사를 주무르는 것이다. 롯데의 정도가 심한 편이기는 해도 다른 그룹 역시 크게 다를 바 없다. 황제 경영 체제에서 이사회는 총수 일가와 회사 경영진의 거수기 역할에 그친다. 사내외 이사 모두 반대 의견을 개진하는 경우는 아주 드물다. 조사에 따르면 롯데그룹 8개 상장사에서 2012~2014년 3년 동안 359차례 이사회가 열렸으나 부결시킨 안건은 단 하나도 없었다.

황제 경영은 이처럼 독단적이고 신성불가침이다. 대통령은 임기가 5년에 불과하지만 재벌 오너는 임기도 없이 대를 이어간다. 북한 체제에서 숙청이 난무하듯 오너는 임직원을 해고하면 그만이니 반대 의견이 나올 여지는 거의 없다. 롯데 사태 후 외국 언론의 눈에 비친 한국 재벌의 모습은 온통 '코리아 디스카운트' 요인뿐이다. 대표적인 비판은 다음과 같다.[23]

- 족벌 기업의 승계 분쟁이 한국에서 특히 빈번하고 해로운 형태로 나타났다.
- 한국인은 재벌가의 경영권 다툼에 익숙하며 이것만큼 관심을 사로잡는 것도 없다.
- 한국 재벌의 불법적 경영권 승계와 탈세 등이 주주 이익을 훼손할 가능성이 크다.

한국에서 오너리스크가 유독 많은 이유는 무엇보다 총수가 잘못된 결정이나 행동을 하려 할 때 이를 막을 장치가 사실상 없기 때문이다. 최고 의사결정 기구인 이사회가 총수의 마음에 드는 인사로 채워지다 보니 독립성이 없다. 총수의 전횡을 차단하기 위해 영입된 사외이사 역시 제구실을 못하고 있다. 총수의 측근이라도 직언을 해야 하는데 나서는 이가 없다. 총수가 쓴소리에 귀를 기울이지 않을 뿐 아니라 자칫 '불경죄'로 쫓겨날 수 있기 때문이다.

기업 내부뿐 아니라 외부도 마찬가지다. 주주들에게 감시와 견제 기능이 거의 없다. 국민연금 같은 기관투자가라도 균형을 잡아 줘야 하는데 의결권 행사에 소극적이다. 법원과 검찰의 태도도 문제다. 총수 일가의 불법 행위를 엄정히 다뤄야 하는데 솜방망이 처벌을 하다 보니 법 알기를 우습게 만든다. 대통령이 범죄를 저지른 재벌 총수에게 사면과 복권을 남발하는 것도 이들의 도덕적 해이를 부추긴다.

앞으로 경영권이 3, 4세로 넘어가면 오너리스크의 위험성이 더 커질 수 있다. 그래도 창업주는 기업가정신으로 무장돼 있었고, 2세는 그 옆에서 아버지를 도우며 고락을 함께했다. 하지만 3, 4세 가운데는 경영 능력을 제대로 쌓지 않은 채 어린 나이에 주요 직책을 맡고 있는 경우가 많다. 그들의 어떤 사회적 작폐를 만들어낼지 예측조차 하기 어려운 상황이다.[24]

한편 미국에서는 거대 기업이 탄생하는 시점이었던 1890년대부터 1900년 초까지 셔먼법, 클레이튼법 등 반독점 법안이 만들어졌다. 이 법에 따라 스탠다드오일, 아메리카타바코 등의 회사가 분할되었다. 그 뒤에도 뒤퐁, 벨 등이 별도의 회사로 분할되었다. 우리나라도 재벌이 본격적으로 성장한 1980년대부터 공정거래법이 보다 강력했으면 하는 아쉬움이 따른다.

4

위험 낙인

낙인烙印, Stigma은 사회 정체성에 기초한 가치와 연관된 현상으로, 결함으로 각인되는 부호와 표시이자 그로 인해 정상인보다 낮게 취급받는 것을 뜻한다. 이는 타인이 자신과 다르다고 느끼거나 자신이 바람직하지 않다고 느낄 때 나타나는 부정적 인식이나 행위를 뜻한다. 사회적 정체성을 손상시키거나 부정적 고정관념을 만들어 자기 수용과 사회적 수용으로부터 개인을 소외시킨다.

원래 낙인이라는 말은 고대 그리스에서 불명예 혹은 오욕을 노출시키기 위해 신체에 표시하는 자국이나 문신을 의미했다. 그런 표시를 가진 사람은 노예나 죄수 등이었으나 시간이 지나면서 낙인화가 개인에서 제조물, 과학기술, 환경에까지 확대되었다. 그 예로 미국 네바다 주 유카에 방사능 폐기물 처리장을 건설하기로 했으나 지역 주민의 극심한 반대로 철회된 사례를 들 수 있다. 이는 방폐장이라는 개념이 극단적인 부정적 이미지로 인해 낙인을 불러일으켰기 때문이다.

낙인 이미지가 나쁜 냄새, 추한 경관, 사고, 질병과 같은 직접적 경험을 통해 생겨나기도 하지만, 이를 더욱 확대하는 것은 사회적 확산 과정을 가져오는 언론 보도다. 인도 보팔에서 발생한 화학공장 사고, 우주선 챌린저호의 공중 폭발 사고, 스리마일 섬과 체르노빌에서의 원자로 사고, 엑슨의 알래스카 기름 유출 사고, 영국의 광우병 파동, 일본 후쿠시마의 원자력 발전소 사고 등은 사람들의 기억 속에 커다란 낙인을 새겨왔다. 광우병 파동이나 타이레놀 등의 낙인 일화를 주목해야 하는 이유는 그것이 새로운 형태의 사회적 취약성*social vulnerability*을 유발하기 때문이다.

국내에서 수행된 연구에 따르면, 어떤 개인이나 집단에 낙인이 내재화되는 과정에 미치는 내외적 요인에 의해 '사회적 낙인'과 '자기 낙인'으로 정리된다. 어빙 고프만*Erving Goffman*에 따르면, '사회적 낙인'이라는 용어는 '손상된 사회적 정체성'에서 파생되며 사회적으로 낙인화된 개인은 온전하지 못한 결함이 있는 사람으로 간주된다. 이에 비해 '자기 낙인'은 자신이 사회적으로 수용될 수 없는 사람이라는 사회적 낙인을 내재화해 낮아진 자기 존중감이나 가치감을 갖게 되는 것을 말한다.

사회적 낙인은 크게 세 가지 형태로 구분된다. 첫째, 기형이나 장애와 같은 '혐오스러운 신체'에 대한 낙인, 둘째, 정신장애나 중독 또는 실업과 같은 '개인 결함'에 대한 낙인, 셋째, 인종이나 성별,

종교 등의 차이에서 오는 '종족적 정체성'이다. 이러한 사회적 낙인
은 편견에 근거해 개인의 존재 자체에 부정적 평가를 내리게 만든
다. 뿐만 아니라 그로 인한 차별이나 배제, 또는 폭력 등 부당한 대
우를 받게 하므로 당사자에게 매우 큰 스트레스의 원인이 된다.

특히 한국 사회는 타인이 자신을 바라보는 것에 더욱 신경을 곤
두세우거나 체면을 중시하는 성향을 갖고 있기 때문에 낙인은 더
중요한 의미를 지닌다. 반면 내재화된 낙인 Internalized stigma은 커뮤니
티 내의 개인이 자신에게 부정적 고정관념을 적용시키고, 그 결과
스스로를 평가절하하거나 자신에게 수치심을 느껴 사회적으로 소
외되는 것을 의미한다.

개인적 차원에서뿐만 아니라 사회적 차원에서도 해악을 일으키
는 낙인은 두 가지 유형의 메시지로 활용되어 매스미디어를 통해
전달된다. 첫째는 낙인 형태 Stigma format고, 둘째는 비낙인 형태 Challenge
format: anti-stigma format다. 낙인 형태는 어떤 질환의 전달 등 메시지의 낙
인을 유발하는 부정적 효과를 지녔으나, 비낙인 형태는 이러한 낙
인의 극복 차원에서 긍정적 효과를 지니고 있다.

건강 관련 주제가 미디어에서 어떻게 묘사되고 있는지 '낙인 유
형'과 '비낙인 유형'으로 구분해 조사한 스미스 Smith는, 잡지 광고에
서는 주로 비낙인 유형이 사용되는 반면 정부 간행물에서는 낙인
유형이 많이 사용되고 있음을 밝혀냈다. 나아가 질환의 종류에 따
라 암이나 심장질환은 비낙인 유형이, 결핵이나 흡연은 낙인 유형
이 많이 사용된다는 연구 결과를 제시했다. 또한 강력한 낙인 메시

지가 '강한 부정적 감정'을 일으킴으로써 낙인화된 사람이 사회 생활을 하기 어렵게 만든다고 덧붙였다.

낙인의 결과로는 자아손상, 자기혐오, 의혹, 우울, 적개심, 불안, 화를 잘내는 것 등이 있을 수 있다. 어떠한 유형의 반응이 먼저 나타날 것인지는 낙인의 유형, 발생한 상황, 개인의 경험, 신념, 가치, 목표, 역할에 따라 정해진 순서 없이 나타난다. 예를 들어 낙인찍힌 사람은 사회적 지위와 신용을 잃어버리거나 타인의 무시로 내부적으로 자기 낙인을 일으켜 타인에게서 격리되기도 한다. 이 때문에 사회에서 열등한 사람으로 인식되며, 사회적 거부감과 고립을 이끄는 모든 위험을 지닌 사람으로 간주되기도 한다. 이렇게 타인과의 상호작용에서 낙인화를 경험한 개인은 자아 존중감이 감소되는 등 인격의 왜곡을 경험한다.

그린피스의 패러디
사이버 공습에 초토화

2010년 네슬레는 소셜 미디어로 위기를 겪었다. 그 중심에는 환경 단체 그린피스^{Greenpeace}가 있었다. 2010년 3월 16일 그린피스는 네슬레의 팜오일 공급자인 인도네시아의 시나마스^{Sina Mas} 그룹의 환경 파괴 리포트를 포스팅했다. 리포트에 따르면, 네슬레는 공정무역을 광고했지만 사실상 열대우림을 파괴하고 다른 생물의 멸종을 초래하는 팜오일 공급업체의 환경 파괴 행위를 방관했다는 것이다. 이 내용은 그린피스의 공식 채널과 페이스북, 트위터 등 SNS를 중심으로 빠르게 확산됐다.

이어 3월 17일 그린피스는 네슬레의 환경 파괴를 패러디한 CF 영상을 유튜브에 업로드했다. 이 동영상은 'Give Rainforests a Break' 캠페인의 일환으로 네슬레의 초콜릿바 킷캣KitKat의 CF 이미지와 매우 유사했다. 그린피스는 킷캣의 CF를 팜오일 생산을 위해 파괴한 원시림의 가장 큰 피해자인 오랑우탄의 손가락을 먹는 매우 자극적인 장면으로 패러디해 영상을 유포시켰다.

그린피스는 자체 제작한 킷캣 패러디 페이지를 통해 CF 패러디, 관련 캠페인 등 다양한 정보를 담아냈다.

일방적 대처가 부른
참사

네슬레는 법무팀을 동원해 12시간 이 지나기 전에 저작권 문제를 제기하며 법원에 가처분 명령으로 해당 동영상을 삭제했다. 하지만 그린피스는 다른 채널을 통해 동영상을 꾸준히 업로드했고, 네슬레가 해당 동영상을 삭제한 사실이 알려지면서 문제는 더욱 확산되기 시작했다. 같은 날인 3월 17일, 동영상을 본 페이스북 유저가 네슬레 페이스북에 항의 댓글을 남겼으며, 그린피스는 킷캣 로고와 비슷한 'Killer'라는 문구가 담긴 로고를 프로필 사진으로 사용하기 시작했다. 그러자 네슬레는 팬 페이지에 "여러분의 토론에는 자유가 있습니다. 그러나 여기에는 우리가 정한 규칙이 있습니다. 다른 많은 포럼과 동일하게 말입니다" 식의 대응을 발표했다.

[그린피스 공격에 대한 네슬레의 반응]

Nestlé
2010년 3월 19일 🌐

To repeat: we welcome your comments, but please don't post using an altered version of any of our logos as your profile pic - they will be deleted.

좋아요 · 댓글 달기 · 공유하기   👍32개 💬237개

현재 네슬레 페이스북 팬 페이지에는 대응 문구가 사라졌지만 변형된 로고를 사용하면 관련 글을 삭제한다는 경고문은 여전히

올라와 있다. 이와 동시에 다양한 코멘트는 환영하지만 프로필에 변형된 로고를 사용한 채 댓글과 의견을 작성하지 말라고 권고했으며, 부정적으로 올라온 댓글을 임의 삭제하는 등의 방식으로 대처해 나갔다.

하지만 이미 퍼진 동영상은 제2, 제3의 플랫폼을 통해 확산되었고, 네슬레의 75만 명 팬도 술렁이기 시작했다. 사태가 수그러들 기미가 보이지 않자 네슬레는 다음 날 기자회견을 통해 문제가 된 팜오일을 사용하지 않겠다고 밝혔다. 그러나 그것만으로는 근본적으로 문제를 해결할 수 없었다. 근본 문제는 이미 SNS를 통해 퍼질 대로 퍼진 부정적 이미지였다. 비판이 끊이지 않자 네슬레는 페이스북의 팬 페이지를 삭제했는데, 이는 SNS를 활용한 대응책의 결정적인 실수로 꼽혔다.

팬 페이지 삭제로 과거의 팬이었던 대다수의 유저마저도 네슬레에 부정적 인식을 갖는, 즉 '적'으로 만들어 버린 결과를 초래한 것이다. 이후에도 그린피스는 오랑우탄 인형 옷을 입은 거리 시위 동영상을 업로드하고 독일 지사에 대형 전광판을 설치해 비난 여론을 전파하는 등의 활동을 지속해 나갔다. 문제의 심각성을 깨달은 네슬레는 페이스북에 무례하고 예의 없는 대처를 사과하고 재발 방지를 약속했다. 결국 그린피스의 낙인 전략에 항복한 것이다.[25]

'현기차는 흉기차' 루머가 만든 낙인

2014년부터 현대자동차는 온라인에서 네티즌의 거센 공격을 받았다. 현대차에 대한 긍정적 반응을 찾아보기 어려울 만큼 최악으로 치달은 사태였다. 현대차 관련 기사의 댓글은 악플로 도배됐고 현대차에 등을 돌리는 소비자가 늘어갔다. 현기차는 흉기차라는 낙인을 거침없이 표현하는 등 현대자동차에 대한 부정적 여론은 현대차의 존망을 좌우할 정도로 시급한 과제로 떠올랐다. 현대차는 문제를 인식하고 대응에 나섰으나 '뒷북'이라는 비난이 거셌다. 오해는 풀리지 않고 있으며 소비자의 불신감은 잦아들지 않고 있다.

최근 들어 현대·기아차의 시장점유율은 계속 내리막인데 판매량 감소의 가장 큰 이유는 온라인에서의 부정적 여론이라는 분석이 지배적이다. 현대차는 이러한 기류를 감지했지만 일부의 일로 여기고 적극적으로 대응하지 않았다. 판매량에 큰 영향을 미치지 않을 것이라 판단했기 때문이다. 그러나 대수롭지 않게 여겼던 현대차는 발등에 불이 떨어졌다. 2016년 상반기 쏘나타의 파생 모델, 신형 투싼 등 신차를 출시하고 5~6월 아반떼 등 주요 차종을 대상으로 사상 최초의 36개월 무이자할부를 도입했지만 역부족이었다. 점유율은 오히려 하락했다.

현대차 관련 블로그의 댓글은 냉담했다. 한 누리꾼은 "자동차 강판은 도금 차이, 두께 차이, 강성 차이 등 여러 의혹이 있는데, 이런 식으로 넘어가려 하지 말라"고 댓글을 달았다. 이어 다른 누리꾼도 "부식만 강조하지 말고 강판의 두께와 강도 차이를 알려달라"고 요구했다. 급기야 현대차는 2016년 4월 30일 블로그 두 번째 글을 통해 '현대자동차는 차체가 약하다'는 의혹을 해명했다.

현대차는 차체가 약하다는 의혹은 오래전부터 제기되어 왔고, 누리꾼으로부터 '쿠킹호일'이라는 오명을 쓰기도 했다. 현대차는 "2013년 출시한 제네시스의 차체는 초고장력강의 사용 비중을 50%까지 혁신적으로 높였다"며 "비전문가라면 통용되고 있지 않은 몇몇 강판의 분류로 혼돈이 올 수는 있다"고 해명했다. 하지만 반응은 부정적 내용이 주를 이뤘다. 한 누리꾼은 "쿠킹호일이라는 말은 현대차에 대한 안전도 불신인데 동문서답만 한다"고 비판했다.

이에 대응해 현대차는 과거에는 그냥 지나쳤던 악성 루머에 소송 등 단호하게 대응하겠다는 입장이었다. 국내 커뮤니케이션 부서는 투 트랙 전략으로 여론 다잡기에 나섰다. 하나는 부정적 여론을 형성하는 전문가 집단과의 스킨십을 늘린 것이다. 일례로 온라인에서 '안티 현대·기아차의 집결지'로 불리는 '보배드림' 회원을 대상으로 7단 DCT(듀얼 클러치 기어) 시승 행사를 가졌다. 보배드림을 중심으로 7단 DCT는 변속 충격이 크고 소음이 심하다는 소문이 급속히 퍼지자 이를 반박하기 위한 자리를 직접 마련한 것이다. 나아가 네티즌을 남양연구소로 초청해 신형 제네시스 스몰오버랩(Small Overlap: 시속 64킬로미터의 속도로 차량 운전석 앞부분의 25%를 장애물과 충돌시키는 시험) 시연회도 개최했다.

신형 제네시스는 2016년 미국 고속도로 안전보험협회가 주관한 충돌 평가에서 승용 세단 중 세계 최초로 29개 평가 전 항목에서 만점인 GOOD 등급을 받으며 최고 안전등급인 '톱 세이프티픽 플러스'를 받았다. 하지만 네티즌이 "내수와 수출 사양이 달라 내수용 차량으로 테스트하면 결과가 달라질 것"이라고 주장하자 반박하기 위한 행사를 가진 것이다.

현대·기아차 관계자는 이렇게 말했다.[26]

우리를 싫어하는 대표적 사이트인 것은 알고 있었지만 그럴수록 함께 타보고 느껴보고, 질문하고 대답하는 과정을 통해 오해가 해소될 수 있다고 생각했다. 댓글을 보면 가끔 과하다 싶은 것도 있지만 기본적으로는 이마저도 따끔한 충고와 소중한 조언으로 생각한다.

현대차의 수난은 여기에서 그치지 않고 내부 고발자의 차량 결함 은폐 고발로 골머리를 앓았다. 현대차가 국내 시판 중인 일부 차량의 세타II 엔진 결함을 은폐하고 있다는 보도가 나오자 국토교통부가 세타II 엔진 결함 여부 조사에 착수했다. 국회 국정감사에서도 비난이 쏟아졌다. 결국 현대차는 2016년 9월 세타II 엔진을 탑재한 국내 시판 차량의 보증 기간을 미국과 동일한 기준으로 연장하겠다고 발표했다.

현대차 품질 논란은 현대차 구매본부 협력업체품질강화1팀에 근무했던 김 부장이 언론에 폭로하면서 비롯됐다. 김 부장은 이른 바 내부 고발자다. 1991년 입사해 연구소와 생산부, 품질본부 등을 거치며 25년간 현대차에 몸담았다. 김 부장은 2016년 2~9월까지 현대차 품질전략팀에서 근무하며 다뤘던 자료를 토대로 현대차의 품질 문제와 차량 결함 축소·은폐 문제를 여러 언론사와 국토교통부, 미국 도로교통안전국^{NHTSA} 등에 제보했다. 국내 최대 자동차 관련 커뮤니티인 B사이트 등에도 '김진수'라는 가명으로 현대차의 갖가지 문제점과 의혹의 글을 올렸다.[27]

> 미국 NHTSA에 관련 문제를 제보했고, 곧 조사가 시작된다는 통보를 받았다. 현대차가 쏘나타YF와 그랜저HG 등 일부 차종에서만 세타II 엔진 결함이 있는 것처럼 설명하고 있지만 실제로 결함이 있는 차종은 더 많다.

현대차에 대한 또 다른 낙인 하나는 귀족 노조다. 오죽하면 중소기업 단체가 현대차 불매운동을 거론하는 등 비판 여론이 거셌다. 예전에는 현대차 노조의 파업 정당성을 설파하던 진보 언론의 기사도 이제는 찾아보기 힘들다. 중소기업중앙회는 "평균 임금이 1억 원가량으로 중소기업보다 2배 정도 높은 현대차 노조가 임금 인상을 이유로 파업에 들어가 중소기업인들이 박탈감을 느낀다"라면서 현대차 제품 불매운동을 언급하는 등 여론몰이에 나섰다.

오너리스크 또한 잠재 위험이다. 2006년 정몽구 현대차그룹 회장이 구속되었을 때 현대차 주가는 구속영장 청구일로부터 한 달 뒤까지 17.13%나 폭락했다. 이후 2008년 최종 선고가 나기까지 외국인 투자자는 현대차 주식 2조 7,290억 원어치를 팔아치웠다. 재벌기업의 3~4세 세습 문제가 부각되고 있는 가운데 3세인 정의선 부회장이 경영 전면에 나선 지 오래됐다. 정몽구 회장의 거침없는 리더십도 오래가지는 못할 것으로 보인다.

　이러한 비난의 원인을 들여다보면 2장에서 나열한 위험 요인이 거의 모두 내포된 종합백화점 같은 상황이다. 일반인의 위험 지각이 회사의 설명과는 크게 다르고, 별의별 루머가 계속되며, 오너리스크에 신뢰 상실과 낙인까지 다양하다. 리스크 컨설팅이 매우 필요한 상황이다.

다국적기업의
공정무역 논쟁

　　　　　　　　2009년 한 TV 시사 프로그램이 '커피 한 잔의 진실'이라는 제목으로 국내 유명 커피 전문점에서 판매하는 커피를 다루었다. 프로그램 내용 중 가장 놀라운 부분은 4000~5000원 가격대의 커피에, 커피 원두를 재배하는 아프리카의 커피 재배 농가에게 돌아가는 이익이 전체 커피 값의 1%밖에 되지 않는다는 사실이었다.

　이러한 불공정한 거래 제도를 극복할 수 있는 대안이 '공정무역'

개념이다. 개발도상국의 생산자에게 정당한 대가를 지불하자는 취지에서 2000년대 들어 떠오른 무역 형태로, 비단 커피 원두뿐만 아니라 초콜릿, 설탕 등 다양한 분야에서 실천되고 있다.

공정무역은 실제로 세계 규모의 지지 단체를 가지고 있고, 우리나라에서도 운동 범위는 미약하지만 실천하고자 하는 사람이 존재한다. 하지만 한편으로는 실효성 의문이 제기되는 동시에 자본주의 경제 흐름을 거스르는 운동이라는 평가도 있다. 과연 공정무역은 오랜 시간 존재해온 개발도상국과 선진국 사이의 불공정한 무역 형태를 극복할 수 있는 훌륭한 대안인 것일까, 아니면 경쟁 원리를 통해 조절돼야 할 흐름을 인위적으로 보호해 자본주의적 흐름에 방해가 되는 운동일 뿐일까.

공정무역의 기본 취지는 선진국과의 거래 관계에서 약자 입장에 처해 있는 개발도상국 생산자의 권리를 보호하자는 데 있다. 그렇기 때문에 이 운동은 주로 선진국에서 개발도상국으로의 수출품보다 개발도상국에서 선진국으로 수출되는 품목에 초점이 맞춰져 있다.

가장 먼저 공정무역의 대표적 물품이라 할 수 있는 커피 원두를 들 수 있다. 석유 다음으로 교역량이 많은 커피는 세계적으로 1년에 600억 달러어치가 팔린다. 대부분의 선진국에서 소비되는 커피의 원재료인 커피 원두는 케냐, 과테말라, 브라질, 인도네시아 등의 개발도상국에서 주로 생산된다. 그런데 커피 원두 재배 농민은 커피 45잔을 만들 수 있는 원두 1파운드(약 0.45kg)에 평균 60센트(약

580원)를 받을 뿐이다.[28]

커피 외의 또 다른 예로는 오늘날 많은 사람이 즐겨 입는 청바지를 들 수 있다. 대표적인 청바지 브랜드 리바이스의 경우, 중국 공장에서 생산하는 바지 한 벌의 가격은 원단 값과 노동력을 포함해 4달러, 한화로 6천 원 정도라 한다. 그런데 한국에서 이 바지를 구입하려면 적어도 5만 원은 줘야 한다고 볼 때 10배 정도의 가격 차이가 생긴다. 물론 제품의 공장 생산원가와 최종 소비자 가격 간에 차이가 있는 것은 유통 흐름에서 여러 번의 도매, 소매 과정을 거치므로 당연한 일이다. 하지만 문제는 청바지 한 벌을 만들기 위해 공장에서 몇 시간의 노동을 하면서도 대가로 받는 임금은 바지 한 벌 값도 되지 않는다는 점이다.

이처럼 제대로 된 노동의 대가를 받지 못하는 생산자는 그럼에도 생계를 유지해야 하기 때문에 계속해서 무리한 생산 활동을 하게 된다. 임금을 적게 받는다면 더욱더 생산량을 늘려 부족한 부분을 채워 나가야 하기 때문이다. 그런데 이와 같은 무리한 생산은 경제적 문제에 이어 인권과 관련된 윤리적 문제까지 낳는다. 그 양상 중 하나는 아직 노동을 하기에는 어린 나이인 아이들을 생산 활동에 참여시키는 '아동 노동'이다.

아직은 또래와 어울려 뛰어놀고 학교에서 공부해야 할 어린아이들이 손에 커피 원두를 채취한 바구니를 들고, 몇 시간 동안 뜨거운 햇볕 아래에서 제대로 쉬지도 못한 채 일한다. 세계노동기구(ILO)의 추산에 의하면, 전 세계 5세 이상 14세 이하의 어린이 2억 5천만 명 정도가 가난 때문에 노동에 종사하고 있다. 그 가운데 1억 2천만 명의 어린이가 학교조차 다니지 못한 채 전일제로 일한다.

아동 노동의 실태를 적나라하게 보여주는 것이 이른바 '축구공의 경제학'을 비롯한 여러 통계다.

> 32조각의 가죽과 1,620회의 바느질, 어린이의 하루 일당 300원, 축구공 하나 만드는 데 13시간, 하루 노동 시간 12시간, 만드는 아이들 15,000명, 나이키 축구공 15만 원

축구공을 만들기 위해 32개로 쪼개져 있는 가죽을 힘껏 꿰매다 보면 어느새 셀 수 없는 상처가 나기 십상인데 상처가 나도 약이 없고, 5세 때부터 축구공을 만드는 아이들은 스티커를 붙이는 화학 약품의 강한 독성으로 시력을 잃는 경우도 많다.

경제적 빈곤을 해결하기 위해 시작한 무리한 노동이 결국 개발 도상국 국민의 인간답게 살 권리까지 무참히 유린당하는 결과를 만들어낸 것이다. 더욱이 이러한 인권 관련 문제는 앞선 사례에서도 알 수 있듯 개발도상국 국민 중에서도 특히 사회적으로 힘이 없는 약자인 어린이와 여성에게 자주 일어난다는 점에서 더욱 문제가 크다.

게다가 개발도상국의 무리한 생산 활동은 다양한 환경 문제까지 일으킨다. 이를테면 가장 대표적 거래 물품인 커피는 목화, 담배와 함께 단위 면적당 농약 사용량이 많은 3대 작물 중 하나다. 커

피 생산량을 늘리기 위해 생산자는 열대우림을 없애 경작지를 넓히고 농약과 화학비료를 사용한다. 이는 생산지의 토양을 비롯한 생태 환경뿐 아니라 생산자 자신의 건강과 커피를 마시는 소비자의 건강까지 해치는 주요 원인이 된다.

거래 관계에서 상대적 약자 입장에 있는 개발도상국 생산자를 고려하지 않은 무역 형태가 개발도상국의 경제, 인권, 환경 등 각 분야에 심각한 문제를 야기한다는 뜻이다. 이 문제를 근본적으로 해결하기 위해서는 무역 구조를 전적으로 바꾸어야 할 필요성이 있는데, 그 시작이 바로 불공정한 무역 관계다. 따라서 공정무역은 개발도상국과 선진국 양쪽 모두의 지속 가능한 발전을 가능하게 하는 유일한 수단이기 때문에 확고한 원칙을 정해놓고 지키는 것을 첫 번째 목표로 하고 있다.

공정무역 논쟁으로 가장 공격을 많이 받는 곳은 다국적 소비재 기업이다. 나이키나 리바이스 등의 의류회사와 식품회사는 이에 대한 낙인에서 회사를 방어하기 위해 많은 노력을 기울이고 있다.

다른 한편 활동가들이 가장 두려워하는 것은 '공정무역 제품이 비싼 상품'이라는 인식이 굳어지면, 공정무역은 자칫 '먹고 살 만한 중산층의 자기 만족'으로 낙인찍힐지도 모른다는 것이다. 이는 공정무역이 궁극적으로 지향하는 '약자와의 연대 및 대안적 관계 맺기'라는 명분을 무색하게 만든다.

5

신뢰의 위기

한국 사회의 신뢰 부족은 어제오늘의 일이 아니지만 세월호 참사를 계기로 심각한 위기에 빠졌다. 과거에도 정치 지도자와 관료, 국회의원의 거짓말은 많았고, 언론 보도나 정부 발표도 믿기 어려운 경우가 꽤 있었으나 지금의 상황처럼 심각하지는 않았다. 세월호 침몰과 해경의 구조, 이어지는 사태 수습 과정에서 나타난 일들의 황당함과 어이없음은 무엇이 사실인지 가늠조차 어렵게 했다.

이후 나돌고 있는 유언비어와 흑색선전을 듣고 있노라면 자신이 본 사실이나 당연한 상식마저 믿을 수 없을 것 같다. 여기에 정치 이념이 가세해 언론과 사람들은 양쪽 진영으로 나뉘어졌고, 말하는 것뿐 아니라 보고 듣는 것조차 완전히 달라졌다. 이제는 상대 진영의 이야기를 아무리 해도 믿지 않는 상황이 된 듯하다.

세월호가 침몰하기까지 책임은 해운사와 선장, 선원들 몫이다.

하지만 그 뒤 적나라하게 드러난 국가 재난 대응 체계의 총체적 부실은 전적으로 정부 책임이다. 그렇다면 부실 원인을 먼저 따져봐야 한다. 경제학에서는 여러 이해관계가 얽힌 조직에서 발생하는 위기 또는 실패의 원인을 '정보의 비대칭'에서 찾는다. 이를 세월호 사고에 적용하면, 불량 선박과 선원의 정보가 승객에게 제대로 제공되지 않아 빚어진 비극이다.

세월호 침몰이 국가의 신뢰 위기로 치닫게 된 상황도 마찬가지다. 즉 정보 공유와 소통의 실패에서 비롯된 위기라 할 수 있다. 박근혜 정부는 이러한 위기 대응 매뉴얼로 "정보를 적극 개방·공유하고, 부처 간 칸막이를 없애고 소통·협력함으로써 국정 과제의 추진 동력을 얻는다"는 '정부 3.0'을 갖춰놓기는 했지만 구호로 그쳤다.

이외에도 상실된 신뢰로 한국의 사회, 경제 곳곳에서 늘어나는 비용과 고통은 아주 많다. 재판 과정에서 위증이 많아 판단이 어렵고, 무고와 관련된 고소와 고발도 빈발해 불필요한 비용이 많이 든다. 오래전의 광우병 파동과 방사능 오염 가능성으로 인한 수산물 기피 현상도 한국 사회의 신뢰 수준과 밀접한 관계가 있다. 농수산물의 통관과 검사의 신뢰만 있어도 문제가 커지지 않을 사건이었다.

또한 한국은 지난 6~7년간 부정부패의 용인, 민주화 후퇴 등을 받아들이면서 경제 살리기에 총력을 기울였음에도 경제는 지지부진하기만 하다. 한국이 현재의 신뢰 위기를 극복하지 못한다면 경제는 점점 어려워지고 선진국으로의 진입도 불가능하다.

한국에서 신뢰 부족이 심화되는 이유는 두 가지다.

첫째는 국민의 이목이 집중됐던 사건을 포함해 많은 사건사고 가운데 사실 관계가 명확히 밝혀지지 않은 것이 많다는 점이다. 지난 일의 사실 관계를 완전히 밝혀낸다는 것은 불가능한 일일지 모른다. 그러나 많은 사람이 "소문이 사실일 것 같다"고 생각할 정도로 밝혀져야 할 사건이 수없이 남아 있다. 의혹과 의문만 남긴 채 사라져 가는 사건이 너무 많기 때문에 사람들은 세상을 믿지 않는 것이다.

둘째는 힘 있는 사람이 거짓말을 많이 하고, 또 거짓말을 하고도 잘살고 출세한다는 점이다. 이는 사회의 신뢰 구조를 훼손할 뿐 아니라 평범한 사람이 거짓말을 하고도 죄책감을 느끼지 않는 큰 이유가 된다. 점점 어려워지고 있는 한국 경제를 살리기 위해서라도 세월호 참사의 진실은 밝혀져야 한다. 그리고 힘 있는 사람의 잘못과 실수는 용서하더라도 거짓말은 용서치 말아야 한다.

노사 간의
정면 대결

2014년 11월, 풀무원 음성 공장 화물 위탁업체 화물 노동자들은 노조 활동 인정과 운송료 인상 및 처우 개선을 요구하는 파업에 들어갔다. 이들의 파업은 풀무원이 합의서에 동의하면서 하루 만에 끝났다. 그러나 2015년 9월 화물노조는 풀무원이 합의서를 제대로 지키지 않는다며 무기한 파업을 선언했다. 이쯤 되면 국민이 한 번쯤은 관심을 가질 법했다. 그러나 파업 시작 두 달이 지나도록 풀무원·화물연대 간 갈등을 인지한 사람은 많지 않았다. 심지어 화물연대 소속 노조원 두 명이 30미터 높이의 광고탑에 올라가 농성을 벌였으나 크게 이슈화되지 않았다.

통상적으로 제품 운송 차량은 기업 로고를 붙이고 해당업체에서 권리금을 받는다. 대신 해당업체의 로고 외의 스티커나 낙서를 하지 않는다는 도색유지 서약을 하게 되는데 풀무원 지입차주들이 화물연대 스티커의 차량 부착을 요구하며 분쟁이 촉발되었다. 따라서 초기 쟁점은 차량의 도색유지 서약에 있었다. 하지만 사태가 장기화되면서 화물연대와 민주노총이 개입했고, 이는 노사 문제와 갑을 문제로 확대되었다. 민주노총은 풀무원 불매운동과 함께 신선 제품 상온 방치, 밀어내기, 공장식 생산 달걀의 친환경 달걀 둔갑, 그릭요거트 카제인나트륨 함유 등과 같은 풀무원 제품의 쟁점으로 확산을 유도했다.

물류 유통에서의 노사 문제가 자사 제품의 쟁점으로 확산되면서 풀무원은 시장에서 매출 하락과 이미지 손실로 큰 손해를 입었다. 풀무원은 화물연대가 제기한 노조 탄압이나 근무 환경 문제는 전혀 사실무근이며, 정치적 목적을 달성하기 위해 식품업체의 생명이나 마찬가지인 이미지를 훼손시켰다고 주장했다.

풀무원은 홈페이지를 통해 "사태의 본질은 근로 조건이나 생존권 투쟁이 아닌 특수 고용 종사자의 노동권 쟁취를 위한 화물연대 본부의 정치적 목적에 있다"고 강조했다. 하지만 풀무원의 대응은 오히려 화물 기사의 반발을 불러와 민주노총까지 개입하고 불매운동으로까지 번지면서 문제가 확대됐다. 그러나 민주노총은 파업을 철회했다. 일방적인 파업에 국민의 시각이 싸늘했기 때문이다.

풀무원은 소비자 신뢰가 상당히 높은 기업이다. 지금까지 이미지가 훼손되는 큰 사고도 별로 없었다. 반면 민주노총이나 화물운송조합 등은 시민운동 단체고 기본적으로 약자를 대변한다. 그럼에도 국민의 신뢰가 기업보다 못하다는 것은 이러한 단체조차 그동안 국민이 체감하는 평판이 높지 않다는 점이 문제다.[29]

공인 검증 방식의 구멍을 드러낸
가짜 백수오 사건

2015년 우리 사회에 핫이슈가 된 사건이 하나 있었다. 바로 가짜 백수오 사건이다. 백수오는 한때 거의 모든 홈쇼핑에서 판매될 정도로 인기가 높았던 건강기능 식품이었다. 특히 여성에게 좋다는 백수오의 효능이 알려지면서 단시간에 홍삼에 이어 두 번째 매출 규모로 성장했다. 그러던 것이 가짜 백수오로 불리는 이엽우피소를 사용한 것이 의심되는 제품이 생겨나면서 문제가 발생했다.

이엽우피소는 독성을 가지고 있어 식품으로 사용하지 못하게 되어 있는 물질이다. 하지만 이엽우피소와 백수오는 전문가도 제대로 구분하지 못할 정도로 겉모습이 유사하다. 개인적으로 이 사건을 보면서 참 안타깝다는 생각을 했다. 소비자의 신뢰를 바탕으로 산업의 규모를 키워가던 건강기능 식품업계가 큰 타격을 입었기 때문이다. 건강에 대한 관심은 비단 우리나라만의 이슈는 아니다.

예부터 약식동원(藥食洞源: 약과 먹는 것은 동일하다)의 개념을 갖고 있는 우리나라에서 "건강기능 식품 분야가 발전한다면 미래의 먹거리 산업으로 커질 수 있지 않을까" 하는 생각을 갖고 있다. 하지만 그 전제는 바로 소비자 신뢰다. 이 사건으로 그 신뢰 관계가 깨진 것이다. 또한 가짜 백수오 사건을 접하면서 우리나라의 식품 관리 체계에 구멍이 많다는 생각을 다시 한 번 하게 되었다. 소비자에게 업체는 물론 정부도 못 믿는 불신만 안겨준 꼴이 된 것이다.[30]

가짜 백수오 사건이 사회적으로 크게 문제가 되자 그제야 식약처는 움직이기 시작했다. 그런데 여기서도 구멍이 드러났다. 이미 제품화되어 만들어진 경우에는 이엽우피소의 혼입을 검증할 수 있지만 한계가 있다. 실제 식약처의 최초 조사에서는 이엽우피소가 검출되지 않았으나 소비자보호원과 함께 공동 조사한 2차 조사 후 일부 제품에서 이엽우피소가 검출되었다고 발표했다. 하지만 그것도 "한계가 있어서 정확하지 않다"는 사족이 달렸다.

소비자 입장에서는 이미 제품화되어 나온 경우 완벽하게 검증할 수 있는 방법이 없다는 사실을 알았다. 사후 검증 시스템이 정확하지 않다면 사전 검증 시스템이라도 제대로 갖춰져야 하는 것 아닌가? 그것도 아니면, 식품 위해 사건이 벌어질 경우 강력한 처벌을 해야 하는 것 아닐까? 식품 위해 사건이 발생하면 회사가 망하고 강력한 형사 처벌이 뒤따른다는 인식이 있다면 식품회사 스스로 더 검증하고 신경 쓰지 않았을까?

사회 규범을 가장한
단체의 위협

사회 규범 Social Norms 은 사회적 규준規準
이라고도 한다. 사회학에서는 행위 이론의 기초 개념으로, 인간에게 일정한 사회적 행위를 당위적으로 의무 지울 것을 요구하는 관념을 말한다. 가장 시발적인 형태는 상호 교섭하는 인간들 사이에 성립되는 몸짓에 의한 기대다. 따라서 어떠한 집단에도 규범은 존재하지만 단순한 몸짓에 관계되는 매우 주관적인, 구속력이 약한 상태에서 발전해 결과적으로 집단이 갖는 문화의 가치 정향定向과 결합하고 객관화되어 보편타당성을 얻으려 한다.

이때 사회 규범이 제정되고 법문화된 법 규범이 된다. 이 단계에 도달하면 종교, 윤리의 영역과 명확히 구별된다. 일상적 사회생활에 있어서는 법 규범 외에 관습이나 사회적 습관의 형태로 존재하는 사회 규범이 있기에 구속력의 강약 차이를 가진 채 복합된 의미가 된다. 즉 법 규범은 객관적 현실의 모순을 반영해 이데올로기화하지만 그 밖의 사회 규범은 여러 사회 구성체를 통하며 대부분 변하지 않는 것도 있고 구성체의 변화 후에도 그대로 남아 있다가 점차 변화하는 것, 또는 사멸해가는 것도 있어서 일괄적으로 이데올로기만으로 가늠할 수는 없다.

위험 연구자 쇼트Short는 위험에 대한 반응이 친구, 가족, 동료, 존경하는 공직자 등에 의한 사회적 영향의 결과물이라고 주장해 주관적 규범의 작동을 설명했다. 규범 신념은 개인과 집단의 행동을 관장하는 중요한 역할을 한다는 것이다.

한국에서뿐 아니라 전 세계적으로 규범을 가장해 이뤄지는 폭력이나 시위 등은 점점 사회의 또 다른 위험으로 확대되고 있다. 대표적인 것은 종교를 등에 업은 IS(극단주의 무장단체 이슬람 국가)이다. 2015년 11월 프랑스 파리 테러, 2016년 3월 벨기에 브뤼셀 테러, 7월 프랑스 니스 트럭 테러 등을 비롯해 유럽권에 속하는 터키 수도 앙카라와 이스탄불에서도 IS 소행으로 추정되는 테러 사건이 잇따라 발생했다. 특히 테러의 표적이 공항, 항공기, 극장, 성당과 같은 다수의 불특정 민간인이 이용하는 '소프트 타깃'이라는 점에서 IS의 테러를 사전에 막기란 불가능에 가깝다는 지적이 나온다.

2015년 1월 이슬람 수니파 과격 집단이 만든 IS에 인질로 잡힌 일본인 2명 중 1명은 끝내 살해되었다. 72시간 안에 2억 달러를 지급하지 않으면 죽이겠다고 협박하는 비디오가 인터넷에 공개된 뒤 벌어진 일이었다. 이슬람 국가의 이러한 행위는 일본의 국제 사회에서의 영향력과 지위를 활용해 자신들에 대한 압박 전선에 균열을 일으키려는 전술이었다.

2016년 4월 시리아 정부군이 IS로부터 팔미라를 되찾은 뒤 IS의 만행이 속속 드러났다. 유적은 70% 훼손됐고 군인뿐만 아니라 민간인을 대량 학살해 묻은 흔적도 발견되었다. IS가 점령했던 이라크 안바르주의 히트에서는 1,500명을 가둔 지하감옥이 발견되었다. 팔미라는 전쟁이 일어나기 전에 매년 15만 명이 넘는 관광객이 방문하는 명소였다.

유럽을 중심으로 세계 곳곳에서 겁 없이 테러를 저지르는 IS를 이끌어가는 가장 큰 힘은 무엇일까? 석유 판매로 하루에만 35억 원을 벌어들이는 경제력도, 최소 19,000여 명으로 추정되는 군사력도 아니다. 바로 죽음도 불사하는 강력한 광신도다. 일반적 시각으로는 도저히 이해할 수 없는 IS 광신도의 행동은 강력한 세뇌의 결과물이다. 또한 사회 규범을 교묘하게 이용한 범죄 행위다.

2016년 대한민국에서 터진 4대 게이트의 하나라는 '대한민국 어버이연합' 문제나 '대한민국 엄마부대'라는 단체도 작명에서 비슷한 모습을 지니고 있다. 그리고 활동 수법 또한 유사하다. 아버지나 엄마들의 대표라는데 누가 감히 시비를 붙일 수 있겠는가. 문제점이 불거지고 나서도 정부 당국의 대처가 없고, 언론마저 다루기를 꺼려한다.

설득 커뮤니케이션에서 사회 규범 전략은 자신을 둘러싼 집단과 사회가 해당 행위를 허가 또는 금지하고 있다는 점을 인식시킴으로써 행위의 변화를 꾀한다. 다른 사람의 선택과 판단에 자신의 행위를 일치시키도록 한다는 점에서 '다수의 법칙' 전략과 비슷하다. 다수의 법칙 전략은 더 현명한 판단을 내리기 위해 다수의 행동에 따르는 인간의 성향을 이용한다. 반면 사회 규범 전략은 특정 행위가 집단의 규범이며 이를 어길 경우 따르는 처벌을 면하기 위해 행동을 선택하게 한다. 부정적 접근법이라 할 수 있다.

6

위험 예방 캠페인의
위험한 교훈

민주정부로 정권이 이양된 후 우리나라 자살률은 꾸준히 낮은 수준을 유지했다. 하지만 IMF 외환위기를 전후하여 폭등하기 시작하여 OECD 1위에 도달한 이후 인구 10만 명당 26.5명, 연간 13,513명 ^(2015년)에 이르는 높은 자살률을 보이고 있다. 자살자가 많은 것도 문제지만 모방 효과도 사회 문제가 되고 있다. 국내 자살 사건의 18%는 유명인의 자살 사건 후 1개월 이내에 집중된 것으로 나타났다. 유명인의 자살이 일반인들 사이에 모방 자살로 이어지는 '베르테르 효과'를 시사하는 수치여서 앞으로 대책 마련이 필요하다. 카피캣 자살로도 불리는 베르테르 효과는 괴테의 소설 속 주인공 베르테르가 연인과 헤어진 뒤 자살을 택하는 내용의 〈젊은 베르테르의 슬픔〉이 출간된 이후 유럽 곳곳에서 베르테르를 모방한 자살이 유행처럼 번지기 시작한 데서 유래됐다. 의학적으로 유명인 자살

후 1개월 이내에 자살하는 것을 모방 자살로 본다. 성균관대 의대 삼성서울병원 전홍진 교수팀은 2005~2011년 동안 7년간 국내에서 자살로 사망한 94,845명을 조사한 결과 이같이 분석됐다고 밝혔다. 7년의 연구 기간 동안 자살 사건으로 TV와 신문 매체에 일주일 이상 보도된 유명인은 13명이었는데, 이들의 사망 후 1개월 이내에 자살한 사람은 17,209명으로 전체 자살 사건의 18.1%를 차지했다. 또 유명인 한 명이 자살한 후 1개월 동안 하루 평균 자살자는 45.5명으로, 유명인 자살 전 1개월간 하루 평균 자살자가 36.2명이었던 것과 비교하면 하루 평균 자살자가 9.3명 늘어난 수치다.

이러한 사회 문제에 대응하여 자살 예방 캠페인으로 조성된 서울 마포대교 '생명의 다리' 공익 광고가 의도치 않은 부작용을 낳고 있다. 광고 설치 이후 마포대교를 찾아 투신을 시도하는 사람이 줄어들기는커녕 예전보다 6배 이상 늘어난 것이다. 2012년 9월 첫 공개된 생명의 다리 공익 광고는 마포대교 난간 위에 시민의 아이디어를 공모받아 선정한 이미지와 문구를 새겨 넣었다. 삼성생명과 서울시가 공동 기획했고 제작은 제일기획이 맡았다. 한강을 관통하는 다리 중에서 투신 사건이 가장 많아 '자살대교'로 불리는 마포대교의 오명을 씻고, 자살 시도자에게 살아갈 힘을 보태자는 취지였으나 예상치 못한 결과를 낳았다.

마포대교 자살 예방 캠페인의
뜻밖의 결과

저녁 시간대 생명의 다리 난간에 다가가면 불이 켜지면서 '밥은 먹었어?', '속상해 하지 마'처럼 가족이나 친구가 건네는 듯한 메시지를 볼 수 있다. 마포대교에 설치한 생명의 다리는 자살 예방 캠페인에도 도움이 되지만 세계 최초로 시도한 쌍방향 스토리텔링 다리로 알려지면서 국내외의 집중 조명을 받았다. 아이디어 제안자인 제일기획은 이 광고로 해외 유수 광고 제의상을 휩쓸었다. 2013년 한 해만 생명의 다리 캠페인으로 스파익스 아시아_Spikes Asia_ 대상을 포함해 37개의 상을 탔고, 칸국제광고제에서는 본상 9개를 받았다. 이를 두고 제일기획은 단일 캠페인으로 국내 최다 칸광고제 수상 기록이라며, 상업 캠페인의 느낌을 지우고 따뜻한 위로를 건넸기 때문에 캠페인의 진정성을 높였다고 자평했다.

하지만 캠페인이 실시되고 1년 뒤, 투신 시도자 수는 오히려 크게 늘었다는 결과가 나왔다. 서울시 소방재난본부에 따르면 2013년 마포대교에서 발생한 투신 시도는 93건이다. 생명의 다리가 설치됐던 2012년의 15건보다 6배 이상 늘었다. 반면 투신 시도 2위인 한강대교는 2012년 16건에서 2013년 11건으로 줄었다. 생명의 다리 캠페인이 시작되기 전 5년 동안 마포대교에서는 108건의 투신 시도가 발생했다. 자살을 막기 위해 생명의 다리를 설치했는데, 투신 시도 건수가 과거 5년치에 근접한 셈이다.

자살 방지 광고가 의도와는 정반대의 결과를 낳은 까닭은 무엇일까. 전문가들은 과도한 홍보 효과 때문에 생명의 다리 캠페인이 본래 의도를 거두지 못했다고 지적했다. 전시 효과나 홍보 효과에 치중해 생명의 다리에 과도한 관심이 집중되면서 오히려 자살을 염두에 둔 사람을 찾아오게 하는 '자살 명소'가 됐다는 분석이다. 정택수 한국자살예방센터장은 이렇게 지적했다.

스스로 목숨을 끊으려는 사람 중에는 자기 죽음에 상징성이나 시의성을 부여하려는 심리가 있다. 그래서 이름 있는 장소를 찾는 경우가 많다. 일본에서 자살의 숲으로 알려진 후지산의 주카이 숲이나 미국 샌프란시스코의 금문교 등도 자살 명소로 소문이 나면서 자살을 하려는 사람을 세계 각지에서 끌어모았다.

마포대교 '생명의 다리'는 의도와는 달리 정반대의 결과를 낳았다.

신경정신과 전문의 하지현 건국대 교수는 "특정 장소에 자살자가 많다는 사실이 알려지면 그곳에서 자살을 시도할 경우 사망 확률이 높다는 메시지를 은연중에 전달하게 된다. 자살 예방 캠페인을 실시할 때는 파급 효과를 신중하게 생각해야 한다"고 강조했다.

전문가들은 생명의 다리가 실질적으로 생명을 구하는 효과를 내려면 물리적 안전장치가 보완돼야 한다고 지적한다. 하지현 교수는 "메시지로 자살자의 마음을 돌리려는 심리적 접근과 함께 다리 밑에 그물망을 설치하거나 유리벽을 세우는 등 물리적 접근을 차단하는 방법도 도입돼야 한다"고 설명했다. "아치형 모형의 제1한강 철교의 경우 미끄러운 기름을 바르자 다리에 올라가 시위하거나 자살을 시도하는 사람이 크게 줄었다"고 예를 들었다. 정택수 센터장의 조언은 의미하는 바가 크다.[31]

> 목숨을 끊으려고 절망감에 휩싸여 다리에 찾아온 사람에게 일상적인 말을 툭툭 던지면, 공감을 불러오기보다 역효과가 날 수 있다. 한강대교에도 제2의 생명의 다리를 조성하는 등 캠페인 규모가 커지고 있는데, 조성에 앞서 예방 효과를 실질적으로 거두기 위해서는 전문성을 보강해야 한다.

금연 캠페인,
되레 금연 방해

한국금연운동협의회는 홈페이지를 통해 미국 펜실베이니아 주립대학교 사라 에반스 라코 박사가 발표한 600여 편의 금연 관련 논문 중 30편을 재검토해 금연 캠페인이 금연을 방해할 수 있다는 결과를 발표했다. 이는 흡연과 금연 연구의 선진국인 미국 연구진이 처음 발표한 사례로, 향후 금연 캠페인의 변화에 적지 않은 영향을 줄 것으로 보인다.

에반스 박사는 〈금연 캠페인에 대한 반발과 부작용〉 연구를 통해 사회적 낙인에 놓여 있는 흡연자 개개인을 어떻게 관리해야 하는지 제언했다. 금연 홍보 광고의 부작용을 설명했다.

흡연을 사회에서 받아들일 수 없는 행동으로 묘사하면 많은 흡연자가 금연하도록 설득할 수 있지만, 일부 흡연자는 그에 대해 분노하고 자존심이 훼손되어 오히려 금연을 더 힘들게 한다. 많은 연구에서 금연 홍보 광고를 본 흡연자가 스스로를 버려진 자 또는 나쁜 사람, 저질 인간, 측은한 사람과 비슷한 수준으로 평가하고 있었다.

그의 연구 결과를 살펴보면, 앞서 진행된 금연 캠페인 광고의 한 연구에서는 응답자 10명 중 4명이 '사람들이 흡연자를 낮춰본다'고 답변했다. 또 다른 연구에서는 전체 참가자 중 20~30%의 흡연자가 '가족과 사회에서 거부 반응을 느낀다'고 밝혔으며 다른 연구에서는 전체 흡연자의 27%가 '흡연한다는 이유로 사회에서 소외된다'고 느꼈다.

에반스 박사는 "이러한 낙인 효과가 흡연자가 금연하는 것을 더 어렵게 만들고 그 스트레스로 사회에서도 소외된다"고 주장했다. 아울러 "흡연의 부정적 측면을 강조하는 기존의 금연 캠페인과 더불어 금연의 긍정적 면을 강조하는 캠페인을 병행할 필요가 있다"고 덧붙였다.

이에 대한 한국금연운동협의회 관계자의 제안을 되새겨야 한다.[32]

> 기존 금연 캠페인 중에는 혐오스러운 사진 등을 통한 부정적 내용도 있고 금연의 긍정적 측면을 강조한 것도 있다. 사회적 낙인으로 부정적 상황에 놓여 있는 개개인을 대상으로는 흡연의 부정적 측면을 주로 보여주기보다 금연으로 인한 긍정적 측면도 함께 강조해 금연 정책의 완성도를 높여야 한다.

3장

기업과 조직의

위험 극복 방안

우리나라 기업은 위험에 당면하면 근본적인 문제 해결보다 어떻게든 노출을 최소화하는 등 방어적 관리에 치중해왔다. 근본 문제를 처리하지 못하는 이유는 많겠지만 대부분 경영권, 즉 오너의 문제와 연관되어 있기 때문이다. 바로 그 지점에서 어느 때부턴가 왜곡이 발생하기 시작했다. 한 언론이 부정적인 기업 기사를 쓰면 홍보실은 신문사에 찾아가 기사를 빼달라며 통사정하거나 촌지나 광고 집행을 보상으로 불리한 기사를 막는 것이 관행이었다. 특히 오너나 패밀리에 대한 기사는 사실과 상관없이 무조건 막으려 했다.

　시간이 지나면서 학습 효과로 인해 언론사도 광고가 부족하면 기사로 협박하여 광고를 채우는 상황까지 오게 되었고, 홍보실은 이러한 행태를 저질 언론으로 폄하하면서도 홍보부서의 기사 막기 역할을 주요 임무로 내세우게 되었다. 이렇게 쌍방은 수시로 양치기 소년 역할을 하며 왜곡을 키워왔다. 그들의 영위를 위한 야합은 결국 언론은 물론 홍보의 기능과 역할까지 크게 왜곡시켰다. 이러한 상황은 PR 담당자로 하여금 현장에서 이론과 다르게 전개되고 있는 현실에 낙담함은 물론 개선되지 않는 악순환에 회의를 갖게할 정도다.

한국적 현상과는 다르게 다국적기업의 조직 홍보를 살펴보면 많은 시사점을 얻을 수 있다. 다국적기업이 세계 각국에서 항상 성공한 것은 아니다. 그럼에도 그동안의 실패를 통해 많은 교훈과 시사점을 던져준다. 탄산음료 이슈에 대한 코카콜라의 대응은 많은 것을 생각하게 한다. 그들이 이뤄낸 것과 잃은 것을 살펴보는 것만으로도 교훈을 얻을 수 있다. 코카콜라의 사례는 성공이라기보다 실패에 가깝다. 하지만 되새겨볼 만큼 가치 있고 흥미롭다.

1

탄산음료의 위기와
코카콜라의 대응

2010년대 들어 필라델피아는 어린이와 청소년의 건강을 위해 탄산음료를 멀리하는 캠페인을 적극적으로 벌였다. 시정부와 시민 단체의 노력은 가시적인 성과를 냈다. 필라델피아는 미국 시장에서 특히 큰 위기에 봉착한 탄산음료의 현주소를 상징적으로 보여주는 도시라 할 수 있다.

2010년 마이클 너터Michael Nutter 필라델피아 시장은 탄산음료soda에 특별소비세를 매기는 정책을 추진했으나 업계의 강력한 반대에 직면했다. 탄산음료 업계는 시의회 의원을 비롯한 지역 정치인과 규제 당국에 전방위 로비를 벌였다. 또한 유통업체와 캔, 병 등 용기 제조업체와 힘을 모아 대대적인 가두시위를 조직했다. 뿐만 아니라 탄산음료가 비만을 포함해 건강을 해치는 주범이라는 인식을 타파하고자 어린이병원에 1천만 달러를 기부했다. 노력은 결실을 맺어 결국 특별소비세 법안은 의회 법안 심사 소위원회에 상정조차 되지 못했다.

뉴욕 주, 샌프란시스코 등 미국 곳곳에서 비슷한 일이 일어났다. 나날이 건강에 대한 관심이 높아지면서 몸에 안 좋은 탄산음료를 소비자에게서 떼어놓고자 하는 시정부와 보건 당국은 세금을 추가로 매기거나 탄산음료 판매에 엄격한 제한을 두려 했다. 그러나 적어도 세금 문제에 있어서만큼은 업계가 벌인 로비의 힘이 막강했다. 아주 진보적인 캘리포니아 버클리 정도를 제외하면 탄산음료의 특별소비세 법안은 매번 좌절됐다.

그러나 탄산음료 업계는 결코 웃을 수 없었다. 탄산음료 소비가 전반적으로 빠른 속도로 줄어들고 있기 때문이다. 세금을 둘러싼 개별 전투에서는 이겼는지 몰라도 진짜 전쟁에서는 계속 밀리는 형국이다. 탄산음료가 건강에 좋지 않다는 사실은 이제 더 이상 뉴스거리가 아니다. 보건 당국 등 정부뿐 아니라 소비자의 건강과 관련된 수많은 시민 단체가 이 사실을 지속적으로 상기시키면서 뉴스는 상식이 됐다. 소비자는 음료 한 잔을 마실 때도 더 건강한 대안을 찾기 시작했고 탄산음료를 점점 멀리하고 있다.

탄산음료 업계의 입장에서 보면 특별소비세라는 최악의 상황은 막았으나 그 과정에서 건강한 음료의 논의가 활발하게 이뤄지면서 소비자가 하나둘 탄산음료를 마시지 않는 상황이다. 1960년대부터 1990년대에 이르기까지 끝을 모르고 치솟던 전통적인 탄산음료 매출은 이후 20년 동안 무려 25%나 줄어든 점이 이를 뒷받침한다.

탄산음료는 단기적 매출 부진이 아니라 아예 미국인의 식습관, 음식 문화에서 설 자리를 잃어가고 있다. 그 자리를 발 빠르게 채운 것은 생수다. 생수가 탄산음료를 제치고 미국에서 가장 많이 팔리는 음료 제품군이 되는 것은 시간문제라는 게 업계 분석이다.

정부가 실시한 대규모 조사 결과, 2004~2012년 미국 어린이들이 설탕 첨가물이 든 음료수에서 섭취하는 칼로리는 하루 평균 79 칼로리나 줄어들었다. 음료수를 바꿨을 뿐인데 79칼로리는 8년 사이 줄어든 칼로리 섭취량의 4%나 차지한다. 아동과 청소년 비만율이 줄어들거나 적어도 늘어나지 않은 데 큰 영향을 미친 셈이다.

필라델피아는 전국 평균보다 탄산음료 소비가 빠르게 줄어들고 있고, 그만큼 아동과 청소년 비만율 역시 줄어들고 있다. 학교 매

[탄산음료 매출 추이 그래프]

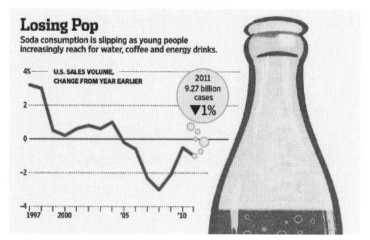

http://trendspectrum.co.kr/?p=2487

점에서는 탄산음료 판매를 금지하고 학생들은 정기적으로 건강한 식습관의 중요성을 배우며, 공공장소에 있는 음료수 자판기에서도 탄산음료 판매는 상당히 제한적으로만 허용한다. 또한 동네 구멍가게들은 탄산음료뿐 아니라 불량식품 판매를 전반적으로 줄이는 대신 건강한 식료품을 알리고 판매할 경우 정부로부터 지원을 받았다. 나아가 시정부와 시 보건 당국은 아예 TV와 라디오에 공익광고를 내보내며 아이들에게 탄산음료를 먹이는 부모를 향해 다시 한 번 생각해보라는 메시지를 담았다.[33]

변하는 소비자 입맛과
음료 기업의 대응

2015년 여름 뉴욕 하버드클럽에서 탄산음료 업계 소식지인 〈비버리지 다이제스트Beverage Digest〉가 주최한 연례 모임이 열렸다. 코카콜라, 펩시콜라, 닥터페퍼스내플 등 잘 알려진 대기업을 비롯해 중소업체, 관계사까지 한자리에 모여 새로운 제품을 알리고 시장 동향을 확인하는 자리였는데, 예상처럼 희망과 낙관보다는 우려와 걱정이 지배적이었다. 〈비버리지 다이제스트〉의 편집장 존 시처John Sicher는 개회사에서 이렇게 상황을 요약했다.

모두들 지난 10년간 정말 고생 많으셨습니다. 생수 회사 또는 생수 브랜드 말고는 음료 업계가 전반적으로 매우 고전했던 시간이었지요.

각 회사는 아이스티부터 스포츠음료, 과일맛 물 등 다양한 신제품을 선보이고 있다. 브랜드를 대표하는 전통적 탄산음료 매출이 정체되거나 줄어들자 어쩔 수 없이 짜낸 고육지책이었다. 코카콜라는 2004년 전체 제품 종수가 400개였으나 현재 700개나 된다. 경영진도 소비자의 입맛과 건강에 대한 고려가 회사의 미래를 좌우한다는 점을 알고 있다.

비만에 대한 우려 때문에 우리 회사 제품 가운데 일부 품목의 수요가 줄어들 수 있다.

코카콜라의 연례 사업보고서 가운데 위험 요인을 언급한 부분의 첫 문장이다. 펩시콜라의 상황도 별반 다르지 않다. 음료 제조업체는 이러한 변화를 피부로 느끼고 있다. 미국 중서부의 가장 큰 탄산음료 유통업체인 호닉만Honickman 그룹의 회장 해롤드 호닉만Harold Honickman은 이렇게 말했다.

매년 많게는 2%씩 매출이 줄어드는 것 같다.

호닉만은 탄산음료에만 붙는 특별소비세는 공정하지 않다고 주장한다. 대신 아이스크림이나 케이크 등 단맛이 나는 다른 군것질 거리에도 포괄적으로 세금을 매기는 설탕세sugar tax 정책을 지지한다. 이미 보건 당국은 탄산음료를 거의 담배처럼 공중 보건의 적으로 낙인찍었다. 뉴욕 대학 영양학과 마리온 네슬레Marion Nestle 교수는 그의 저서에서 탄산음료의 시대가 갔다고 분석하면서 예전에 흡연율이 떨어질 때 그랬던 것처럼 중산층 이상 백인에게서 먼저 탄산음료 소비가 줄어들었는데, 곧 저소득층도 이 흐름에 동참할 것이라고 전망했다.

필라델피아는 2006~2013년 전체 남자아이의 비만율이 8.1% 감소하는 동안 흑인 남자아이의 비만율은 11.3%나 줄었다. 시정부는 보건 당국과 일선 학교의 꾸준한 노력이 결실을 맺었다고 자평했다. 필라델피아 북쪽의 저소득층 밀집 지역이자 흑인이 압도적으로 많은 학군에 있는 존위스터John Wister 초등학교의 교장 도나 스미스의 사례가 대표적이다. 학생의 96%가 급식비를 지원받는데, 스미스 교장이 처음 부임했을 때 아이들은 점심이나 간식으로 학교 길목에 있는 가게에서 과자와 탄산음료 등을 사왔다.

스미스 교장은 불량식품 없는 학교를 선언하고 학생들로 하여금 학교에 와서 함께 아침식사를 하도록 권유했다. 그리고 학교 주변 가게를 일일이 방문해 아침에만큼은 아이들에게 간식을 팔지 말아 달라고 부탁했다. 뿐만 아니라 가정통신문에 몸에 좋은 음식을 먹여야 하는 이유를 꼬박꼬박 써서 보냈고, 선생님도 아이들 앞에서는 간식으로 불량식품을 먹지 못하도록 규정을 만들었다. 다른 학교들이 교내 자판기에서 탄산음료를 빼고 있을 때 존위스터 초등학교는 식수대만 만들어놓은 것 역시 비만율을 줄이는 데 한 몫했다.

탄산음료 회사는 몇 년 반짝 성공을 거두는 듯했던 다이어트 소다마저 고전을 면치 못하자 더욱 고민이 깊어졌다. 탄산음료에 들어가는 첨가물이 몸에 직접적으로 안 좋거나 위험하다는 증거는 없지만 소비자는 갈수록 인공 첨가물에 거부감을 갖기 시작했고 건강한 음료를 찾기 시작했다. 여기에 딱 맞는 제품이 바로 생수다.

탄산음료 회사는 생수 브랜드도 갖고 있다. 펩시의 아쿠아피나Aquafina, 코카콜라의 다사니Dasani가 대표적이다. 그러나 기존의 탄산음료에 비하면 소비자가 브랜드를 좀처럼 알아주지 않는다. 또한 생수 매출의 증가는 회사 입장에서 더 중요한 탄산음료 매출이 줄어든 결과이기도 하다. 더구나 생수만 전문적으로 제조해 판매하는 업체와 낮은 마진을 두고 경쟁을 벌이는 것도 부담스럽다.

탄산음료 기업은 장기적 관점에서도 충성도 높은 소비자를 전혀 만들어내지 못하고 있다. 예전에는 음료수로 무조건 코카콜라만 마시는 사람들이 꽤 있었으나 이제 그런 사람을 찾아보기 어렵다. 탄산음료 브랜드는 한 사람의 평생 입맛을 결정하는 10대 소비자를 확보하는 데 사활을 걸어야 한다. 그럼에도 실적은 처참한 수준이다. 부모는 자녀가 어려서부터 몸에 안 좋은 음료수 대신 가능한 한 물이나 주스를 먹이려 한다. 그렇게 자란 아이는 탄산음료의 달콤한 맛에 전혀 현혹되지 않고, 건강하지 않은 불량식품으로 인식해 계속 멀리한다. 어려서부터 어떤 맛에 길들여지지 않은 소비자가 30대 중반에 갑자기 기호를 바꾸는 일은 좀처럼 일어나지 않기 때문이다.

너터 시장이 한창 특별소비세 도입을 주장하고 시의원을 설득하고 다닐 때 집무실 한가운데에 마운틴듀 한 병과 찻숟갈로 17숟가락 분량의 설탕을 담은 그릇이 놓여 있었다. 시민에게 던지는 메시지이자 스스로도 매일 다짐을 되풀이하기 위한 결행의 상징이었다. 특별소비세 도입은 결국 물거품이 되었지만, 필라델피아는 이 무언의 메시지를 통한 커뮤니케이션에 성공했다.[34]

코카콜라 '비만은 식품 탓 아냐' 여론몰이

탄산음료 대표 주자인 코카콜라가 관망만 한 것은 아니다. 〈뉴욕타임스〉는 코카콜라가 '탄산음료보다 운동 부족이 비만의 원인'이라는 주장을 펴기 위해 과학자와 학술단체까지 동원해 교묘한 여론몰이에 나섰다고 보도했다. 보도에 따르면 코카콜라는 비만과 운동 부족의 상관관계를 집중적으로 연구하는 '글로벌에너지균형네트워크GEBN'라는 학술단체를 후원했다. 이 단체는 과체중을 우려하는 미국인이 운동에는 관심이 없고 음식물 섭취에만 신경을 곤두세우고 있다는 견해를 홍보하기 위해 설립되었다.

스티븐 블레어Stephen Blaire GEBN 부회장은 "대다수 대중매체와 과학 기사가 과식에만 초점을 두고 패스트푸드, 설탕 음료를 뚜렷한 증거도 없이 비난하고 있다"고 주장했다. 그러나 〈뉴욕타임스〉가 탐사한 결과, GEBN의 공식 홈페이지의 등록자와 운영자는 코카콜라 본사인 것으로 드러났다. 또 GEBN의 회장 그레고리 핸드 웨스트버지니아 대학 교수, 부회장인 블레어 사우스캐롤라이나 대학 교수는 2008년부터 코카콜라로부터 400만 달러(약 46억 6천만 원)에 달하는 연구 용역을 수주한 경력이 있는 것으로 밝혀졌다.

공공보건 전문가들은 코카콜라가 설탕을 함유한 탄산음료가 비만과 당뇨의 원인이라는 학설을 희석시키기 위해 특별한 노력을 기울이고 있다고 지적했다. 최근 들어서는 미국 연방정부의 운동 가이드라인 지침에 토대를 제공하는 연구를 25년 동안 수행해온 핸드 교수와 같은 저명한 학자를 영입해 더 적극적인 여론전에 나섰다고 분석했다.

코카콜라는 건강 관리 차원에서 상당한 위협을 받아왔다. 비만의 원흉이라는 진단 때문에 학교에서 퇴출당했고 광고 금지나 과세가 추진되기도 했다. 미국 내에서 성인의 코카콜라 소비량은 20년 동안 25% 감소했다.

노스캐롤라이나 대학의 영양학자 배리 폽킨Barry Popkin 교수는 현재 코카콜라의 여론전이 증거가 없다며, 해악을 애써 외면한 담배 업계의 과거 전략과 유사하다고 지적했다. 폽킨 교수는 음식 섭취와 운동 부족 둘 다 비만의 원인이 되지만 음식이 미치는 영향력이 더 크다는 견해를 밝혔다. 운동이 오히려 식욕을 자극하기도 하고 코카콜라 350밀리리터 1캔에 든 열량을 다 소모하려면 4.8킬로미터를 걸어야 할 정도로 운동 효과가 상대적으로 미미하다는 것이다.

코카콜라는 성명을 통해 이렇게 항변했다.

> 우리는 영양과 운동 분야의 최고 전문가들과 협력하고 있다. 어떤 결과가 나오는지와 관계없이 우리와 함께 일하는 과학자들이 과학적 발견이나 견해를 우리와 공유하는 게 중요하다.

또한 블레어 부회장을 포함해 코카콜라의 후원을 받는 과학자들은 코카콜라가 연구 결과를 통제하지 않으며, 자신들은 투명하게 연구해왔기 때문에 후원을 받더라도 아무 문제가 없다고 주장했다.

이처럼 코카콜라는 탄산음료를 향한 공격에 적극적으로 대응해왔다. 특히 리얼 스토리*Real Story* 사이트를 통해 전 세계에서 다양한 탄산음료 옹호 활동을 펼쳐왔고, 연구자들을 지원해 조금이라도 유리한 연구 자료를 확보하려 백방으로 노력했다. 그러한 결과물을 웹사이트에 체계적으로 수록해 언론이나 연구자 등이 자료로 활용할 수 있도록 했으며, 한국에서도 식품영양학자뿐 아니라 심리학, 신경학, 치과의사 등 다양한 엔도서*endorse*를 고용해 연구 활동과 세미나 등을 지원했다.[35]

코카콜라의
위험 커뮤니케이션 전략

코카콜라는 영국에서 지원하고 있는 모든 과학 연구의 세부 사안을 공개하기로 했다. 영국의 〈타임스〉가 2015년 10월 10일 보도한 바에 따르면, 코카콜라는 올림픽과 월드컵, 럭비월드컵의 주 협찬사로서 10여 명의 영국 과학자와 금전 관계가 존재한다. 그들 중에는 정부의 위생 자문위원 및 당 함유 음료와 비만 위기 사이의 관계를 연구하는 전문가도 포함됐다. 또한 코카콜라에서 수백만 파운드를 출자해 유럽수화작용연구소를 설립했는데, 이는 겉보기에는 독립적이고 수화작용水化作用을 제창하는 연구 기금인 듯하지만 사람들에게 코카콜라에서 판매하는 일부 스포츠 음료와 소프트 음료의 음용을 권유하고 있다고 전했다. 나아가 많은 과학자가 영국의 비만증을 국민의 당 섭취량 증가로 돌리고 있다.

영국에서는 해마다 5만 3천여 명이 비만증으로 목숨을 잃고, 국민보건제도NHS가 해마다 비만증 치료에 투입하는 비용은 51억 파운드에 이른다. 〈영국 스포츠의학저널British Journal of Sports Medicine〉은 건강하지 못한 음식이 유발한 질병은 운동 부족, 음주 및 흡연으로 인한 질병의 총합보다도 많다고 밝혔다.

존 우즈 코카콜라 영국 사장은 자신의 블로그에서 해당 회사에서 왜 과학 연구 사업을 지원하는지 해명할 수 있기를 희망하면서 5년 사이의 모든 연구 관련 세부 사항을 공개할 것이라고 약속했다. 공공위생학회 관리위원회 회원인 사이먼 캐프웰Simon Capwell은 이렇게 비판했다.

코카콜라에서 조종하려는 것은 여론뿐 아니라 정책과 정치적인 결정이다. 그 전략은 담배업계와 양주업계에서 사용한 전략과 유사하며 모두 독립된 연구기관을 지원함으로써 과학 연구 진척에 영향을 주는 것이다. 이는 과학 연구를 공공연히 손상시키고 이익 충돌을 조성하는 수법이다.

최근 미국에서 소셜 미디어를 통해 설탕이 잔뜩 들어간 탄산음료는 비만과 관련 없다는 이야기가 널리 유통됐다. 학술지에는 "비만을 막으려면 운동을 해야 한다"며 설탕, 탄산음료, 정크푸드 등 식생활 문제를 뺀 연구 논문이 실렸고, 비영리기구에 소속되어 있다는 일군의 과학자가 나서서 비만의 해법으로 운동을 강조하는 발언을 내놓았다. 그런데 그 과학자들 뒤에 코카콜라의 자금이 있었다는 사실이 드러났다. 〈뉴욕타임스〉는 "비만에 대한 '과학적 해법'이라며 줄줄이 나왔던 연구 뒤에 코카콜라의 연구비 지원이 있었다"고 보도했다. 이는 코카콜라가 과학자들을 동원해 학술지에 논문을 싣거나 학회에서 발표하게 했으며, 소셜 미디어를 통해 널리 유통시키도록 지원했다는 것이다.[36]

위기 관리에서 자주 쓰이는
엔도서 전략

　　　　　　과학자들이 주장한 '해법'은 새로울
것이 없다. "칼로리 걱정을 덜하고 운동을 더 하면 비만 걱정은 없
다"는 내용이 대부분이었다. 다만 콜라에 잔뜩 들어 있는 설탕 과
다 섭취 문제는 쏙 빠졌다. 이러한 연구를 내놓은 과학자들은 대개
글로벌에너지균형네트워크에 소속된 이들이었다. 이 기구의 부회
장 블레어는 이렇게 주장했다.

> 미디어와 과학저널들은 너무 많이 먹는 것이 문제라며 패스트
> 푸드와 청량음료 탓만 하는데 그런 식음료가 비만의 주범이라
> 는 증거는 없다.

　그런데 이 네트워크에 관여한 과학자들이 소속된 대학 두 곳에
서 정보공개법에 따라 코카콜라의 연구비 지원 사실을 실토했다.
블레어는 웨스트버지니아 보건대학의 과학자 그레고리 핸드와 함
께 1년 동안에만 150만 달러를 지원받은 것으로 드러났다. 두 사람
은 2008년 이후 코카콜라로부터 400만 달러를 받았다. 이 사실이
알려지자 코카콜라는 〈뉴욕타임스〉를 통해 구체적인 언급을 피한
채 "우리는 신체 활동과 영양에 관한 전문가들과 파트너로 일하고
있다"는 애매모호한 성명만 내놓았다.
　대기업에게서 연구비를 받고 기업의 이해관계가 걸려 있는 분

야에서 기업에 유리한 연구 결과를 내놓는 '수상한 연구'가 꼬리를 잡힌 일은 흔하다. 프랑스 파리에서 열리는 유엔 기후변화총회를 앞두고 미국에서는 이른바 '기후변화 음모론'이 고개를 들었다. 기후변화는 △지구의 자연적 순환에 따른 현상일 뿐 인간이 만들어낸 것이 아니며 △그리 심각하지도 않은데 △환경론자들이 현실을 왜곡하고 과장하는 바람에 경제적 피해가 커진다는 주장이었다. 일군의 과학자들이 그러한 주장을 내세우면 이를 바탕으로 몇몇 정치인은 환경 규제를 없애기 위한 입법 활동에 들어간다.

그러나 기후변화 음모론을 펼쳐온 한 미국 정치인의 배후가 들통 나 거센 논란이 일었다. 짐 인호페Jim Inhofe 공화당 상원의원은 미국에서 가장 강력한 기후변화 회의론자 중 한 명인데, 그가 영국 석유회사 BPBritish Petroleum로부터 선거 자금 1만 달러를 받은 사실이 밝혀진 것이다. 또한 인호페가 단골로 인용한 과학자는 하버드-스미소니언 천체물리학센터의 윌리 순Willie Soon 박사였다. 순은 "지구온난화는 인간이 아니라 태양 에너지 활동의 변동성 때문"이라 주장해왔고, 인호페는 순 박사의 연구 결과를 바탕으로 "지구온난화는 사기극이라는 사실이 과학적으로 증명됐다"고 말하기도 했다.

인호페는 물론이고 순 역시 기업의 돈을 받아왔는데, 그린피스는 순이 14년 동안 화석연료 업계로부터 120만 달러(약 13억 3,000만 원) 이상의 돈을 받고 연구해왔다고 폭로했다. 기업-과학자-정치인으로 이어지는 '반환경 커넥션'이 드러난 것이다.

'담배가 암을 일으킨다는 증거는 없다', '유전자조작 식품이 유해

하다는 증거는 없다', '인간이 기후변화를 일으킨다는 증거는 없다'
는 식의 수상한 과학은 오랜 역사를 갖고 있다. 담배회사 편에 서
서 암과의 관련성을 부인했던 몇몇 과학자가 순식간에 기후변화
로 갈아타 석유회사 편으로 자리를 옮기기도 한다. 캘리포니아 대
학의 나오미 오레스케스^{Naomi Oreskes} 교수는 〈의혹을 팝니다^{Merchants of}
^{Doubt}〉라는 저서에서 프레드 싱어^{Fred Singer} 등 유명 과학자들이 기업
의 용병이 된 사례를 파헤쳤다.

싱어를 비롯한 몇몇 과학자는 원래 로켓과 핵물리 전공자인데
갑자기 건강 문제로 전공을 바꾸었다. 담배회사가 암에 걸린 흡연
자들로부터 줄줄이 거액의 소송을 당하던 시기에 담배와 암은 관
련이 없다고 주장하면서 담배회사 편을 든 것이다. 하지만 손바닥
으로 하늘을 가리기는 무리였고 담배회사는 잇달아 패소했다. 그
러자 그 과학자들은 기후변화로 무대를 옮겨 지구온난화를 부인하
기 시작했다. 기후변화는 명백한 현실이 아닌 논란의 대상이라는
관념을 대중에게 심어주는 것이 그들의 목적이었다.

불리한 연구 결과가 나왔을 때 논문이 철회되게 압력을 가하는
것도 기업이 과학을 왜곡하는 또 다른 방법이다. 오레스케스의 책
에는 기후변화의 심각성을 강조한 과학자를 겨냥한 전방위적 압력
실태가 생생히 묘사되어 있다. 대표적 사례는 멕시코의 GM 옥수
수 변이에 대한 것이다. 2001년 멕시코 환경부는 GM 옥수수를 재
배하지 않은 오아하카 지역에서 GM 옥수수의 유전자가 발견됐다
는 충격적 보고서를 내놓았다. GM 유전자가 인간의 통제를 벗어

나 자연으로 전파됐음을 보여준 첫 사례였다.

멕시코의 식물학자 이그나시오 차펠라Ignacio Chapela는 연구 결과를 학술지 〈네이처〉에 발표했다. 그런데 이듬해 〈네이처〉는 이 논문을 철회하면서 차펠라의 논문에 결함이 있다고 주장하는 논문 2편을 나란히 실었다. 차펠라를 앞장서서 비판한 과학자는 메리 머피Mary Murphy와 앤두라 스메태섹이었다. 영국의 GM 반대 운동가들은 두 사람이 실존 인물이 아닐 가능성이 높다는 의혹을 제기했다.

〈네이처〉에 차펠라 비판 논문을 실은 과학자들은 1990년대 말 스위스 생명공학회사 노바티스Novartis와 캘리포니아 대학 버클리 캠퍼스의 파트너십을 추진했던 인물들이었다. 세계적 명성을 지닌 〈네이처〉마저 기업의 요구에 굴복해 논문을 철회시키고 반박글을 실어준 게 아니냐는 논란이 일었다.[37]

코카콜라의
비만 퇴치 광고 캠페인

코카콜라는 2014년 새로운 광고 메시지를 공개했다.

- 미국이여, 우리는 비만이란 문제를 안고 있다. 우리 가족과 국가의 오랜 건강 문제는 이제 위기 수준이다.
- 겁먹을 필요는 없다. 코크가 도우러 왔다.

새 비만 퇴치 캠페인의 하나로 TV 광고에 나온 카피이다. 또 이렇게 주장했다.

> 모든 칼로리는 어디서 오는 것이든 합산된다. 코카콜라나 칼로리를 가진 다른 모든 음식이 마찬가지다. 그리고 당신이 소모한 것보다 많은 칼로리를 먹거나 마신다면 체중은 늘어날 것이다.

'함께하자'는 타이틀의 새 캠페인은 코카콜라가 비만과의 전쟁에 초점을 맞춘 첫 작품이다. '콜라를 더 팔아먹기 위해 위장 캠페인을 벌이는 걸까?'라는 의문이 생기지 않을 수 없다.

캠페인이 놀랍게 보이긴 하지만 갑자기 튀어나온 것은 아니다. 수년 동안 코카콜라는 청량음료와 비만의 상관관계를 보여주는 증거물이 늘어나면서 상당한 압력을 받아왔다. 레스토랑이나 공공장소에서 청량음료 판매 비중을 일정하게 제한한 뉴욕 블룸버그 시장의 노력이 성공했고, 반면 소다세稅를 도입하려다 실패하기도 했다. 또한 미국의 비영리 소비자단체CSPI가 '리얼 베어'라는 영상물로 캠페인을 벌이는 등의 노력 덕분에 대중 토론도 이어지고 있다. 리얼 베어는 북극곰을 주인공으로 한 코카콜라 광고의 문제를 역설적으로 패러디한 영상 광고물이다.

코카콜라와 청량음료 산업은 이러한 주장에 "당 성분 음료와 비만 사이에 관계가 있다는 과학적 증거는 없다"는 틀에 박힌 답변만 내놓고 있다.

> 당신이 바나나나 음료로 칼로리를 섭취한다면 몸에 미치는 영
> 향에 차이가 없다. 칼로리는 칼로리일 뿐이다. 그리고 청량음
> 료로 섭취하는 칼로리는 우리가 소비하는 전체 칼로리의 7%
> 에 불과하다.

코카콜라의 새 캠페인은 청량음료 마시기와 비만 사이에 연관
이 있다는 증거가 없다며 논점을 피해갔다. 대신 다른 논점에 집중
하고 있다. 첫째, 코카콜라는 교묘하게도 자신이 문제의 단지 일부
에 불과하다는 점을 강조한다. 둘째, 기본적으로 모든 칼로리는 동
일하다고 주장한다. 두 번째 논점은 캠페인의 가장 중요한 공세 지
점이다. '당신 몸에 무엇이 들어가는지'에서 '당신이 흡수하는 것보
다 많은 칼로리를 소모하는가'로 질문을 바꾼 것이다.

두 번째 광고에서 이 같은 숫자 전략을 볼 수 있다. 소비자는
140해피 칼로리(12온스 코카콜라 병에 담긴 칼로리)를 태우는 방법에서 영감
을 얻는다. 방법은 그리 어렵지 않다. 즐거운 행동들의 조합만으로
가능하다. 25분간 개 풀어놓기, 10분간 춤추기, 75초간 맘껏 웃기
등이다. 광고 말미에는 코카콜라제로 옆에 '칼로리 옵셔널'이란 문
구를 비춘다. 어떠한 즐거운 행동을 하지 않고도 무칼로리 코카콜
라 제품을 확실하게 마실 수 있다고 소비자가 믿게 만드는 것이다.

이러한 메시지의 문제는 '모든 칼로리가 같지 않다'는 점이다.

좁스홉킨스 대학 루스 페이든Ruth Faden 교수는 이렇게 주장했다.

많은 음식과 음료는 칼로리와 함께 영양가를 갖고 있다. 칼로리는 우리의 하루하루 삶에서 연료로 쓰인다. 코카콜라에 들어 있는 설탕은 칼로리는 있지만 영양은 없는 소위 '텅 빈 칼로리'다. FDA에 따르면 '사탕이나 소다 같은 음식에 있는 모든 칼로리는 텅 빈 칼로리'인 것이다. 결론적으로 "모든 칼로리가 합산된다는 코카콜라의 주장은 아주 잘못된 것이다." 코카콜라의 칼로리가 다른 음식과 음료로 흡수되는 칼로리와 동일하다고 규정짓는 코카콜라의 시도는 마케팅 캠페인에 불과하다.

코카콜라가 여기서 하려는 일은 거대한 리브랜딩Rebranding 작업이다. 뉴욕 대학NYU의 마리온 네슬레 교수는 이를 "참으로 저돌적인 행동이다. 미국에서 갈수록 떨어지는 판매고에 맞서 어떻게든 해보려는 애처로운 행동일 뿐이다"라고 말했다.[38]

'자극적 사랑' 이야기하는 코카콜라의 진짜 노림수

코카콜라는 '테이스트 더 필링Taste The Feeling' 캠페인을 통해 젊음이 추구하는 강렬하고 자극적 사랑을 이야기하기 시작했다. 7년 동안 '행복을 여세요Open Happiness'라며 달달

함을 어필해왔던 것과는 차이가 있다.

코카콜라는 밀레니얼 세대의 '자극적 사랑'을 통해 어떤 반사이익을 노리고 있는 것일까? 캠페인의 지휘봉을 쥐고 있는 마르코스 데 킨토Marcos de Quinto 코카콜라 최고마케팅책임자CMO는 "아주 단순하고 일상적인 순간에서 콜라가 행복감을 주는 데 어떤 역할을 하는가를 강조하는 것"이 목표라고 설명했다.

실제 코카콜라는 새 캠페인을 전개하며 밀레니얼 세대를 메시지의 주 수용자로 하고 있음을 노골적으로 드러냈다. 밀레니얼 세대는 장소와 국경을 가리지 않고 열정적인 사랑을 하는 세대로 그려진다. 이처럼 캠페인은 밀레니얼 세대와 코카콜라를 이어주는 긍정적 역할을 할 수 있지만, 순간의 느낌을 맛보라며 제품의 속성(시원함·상쾌함·달콤함)을 전하려는 캠페인이 역효과를 낳을 가능성도 많다. 특히 미국 밀레니얼 세대는 앞 세대보다 건강과 환경에 더 많은 정보를 가지고 있고, 의식적으로 열량이 많은 음식과 음료를 꺼린다.

'느낌을 맛보라'고 하지만 '콜라는 비만의 주범'이라는 인식이 확산되고 있는 가운데 칼로리에 민감한 젊은 문화코드를 파고들려는 코카콜라의 노력이 과연 먹히겠느냐는 의구심이 든다. 또한 캠페인은 소비자 활동가와 단체의 주요 표적이 될 수 있다. '행복을 여세요' 캠페인이 나왔을 때, 누구나 좋아할 만한 기분 좋은 광고가 역이용되리라 생각하는 사람은 아무도 없었다.

하지만 2012년 미국 공익과학센터Center for Science in the Public Interest는 코

카콜라의 북극곰을 풍자하는 애니메이션 리얼 베어를 내놓았다. 이 패러디물은 소셜 미디어를 통해 입소문을 타고 주요 언론에까지 소개되면서 코카콜라를 크게 당황하게 만들었다. 리얼 베어는 콜라를 마신 북극곰 가족이 비만에 걸려 온갖 심각한 결과를 맞는 다는 줄거리다. 형식은 애니메이션이지만 내용은 콜라를 마셔 결국 당뇨로 다리를 절단하게 되는 북극곰을 묘사하는 등 절대 가볍지 않은 주제를 다루었다. 그러면서도 달콤하고 중독성 있는 배경 음악 '슈거 슈거sugar sugar'를 삽입해 당뇨로 부부관계를 못하는 북극곰 부부를 묘사하는 장면으로 큰 인기를 얻었다.

2013년 새해 벽두에 코카콜라가 전개한 이른바 '컴 투게더Come Together'는 코카콜라 역사상 최초의 비만 방지 캠페인으로 전미 언론의 스포트라이트를 받았다. 하지만 코카콜라를 향한 적대적 시장 환경을 타파하기 위한 이슈 관리 차원에서 제작된 것이었다. 언론에서는 '컴 투게더'가 코카콜라 120년 역사에서 최초로 사회적 책임을 밝히는 캠페인이라고 의미를 부여했으나 메시지를 찬찬히 뜯어보면 '우리(코카콜라)'는 그동안 할 만큼 했고 이제 소비자가 몸을 많이 움직여 칼로리를 태워야 비만을 예방할 수 있다는 주장이었다. 즉 코카콜라를 비롯해 여러분이 먹고 마시는 모든 칼로리가 다 중요하다는 것을 인식하고, 당신이 소모하는 열량보다 섭취한 열량이 높으면 살이 찌는 것은 당연하다는 메시지를 은연중에 풍긴다. 비만은 코카콜라의 책임이 아니라 섭취한 칼로리를 소비하는 노력이 부족한 데서 나온 것이라는 프레이밍 전략이었다.[39]

코카콜라 캠페인의
세 가지 핵심

　　　　　　　　　　'테이스트 더 필링'이 앞으로 얼마나
오랫동안 코카콜라를 대표하는 메시지가 될지, 또 해마다 하향 곡
선을 그리는 콜라 판매를 다시 끌어올릴 수 있을지는 지켜봐야 한
다. 세계에서 가장 가치 있는 브랜드 1위 자리를 지켜온 코카콜라
가 브랜드 자산을 공고히 하기 위해 내놓은 캠페인 전략은 세 가지
원칙에 충실하고 있다.

　첫째, 브랜드 자산을 공고화하는 가장 중요한 원칙 중 하나는 소
비자가 브랜드에 갖는 정서적 유대 강화다. '테이스트 더 필링' 캠
페인에서 강조한 것은 우리 삶에서 가장 짜릿하고 행복한 사랑의
감정을 느끼는 순간에 코카콜라는 늘 함께 있다는 것이다. '형제애'
편 광고를 보면 늘 짓궂은 장난으로 동생을 괴롭히는 형이 동생을
못살게 구는 큰 애들을 물리친 후 건네는 코카콜라가 비쳐진다. 동
생이 느낄 짜릿한 형제애를 상징하는 것이다. 물론 마시는 콜라병
을 건드리는 반전의 장난이 있지만 짐짓 시치미를 떼고 걸어가는
형의 얼굴에도, 동생의 얼굴에도 환한 미소가 번진다.

　둘째, 소비자와의 정서적 유대를 강화하기 위해 코카콜라는 젊
은 세대가 가장 공감하는 사랑에 관한 다양한 이야기를 사용했다.
그리고 앞으로도 계속 사용할 것이라 한다. 세월이 흘러도 변치 않
고 시공간을 초월해 수용자를 매료시키는 이야기 중 하나가 바로
사랑이다. 이야기를 전달하는 매체가 바뀌고 구전시키는 수용자

의 방식 또한 바뀌었지만 사랑을 테마로 하는 이야기는 문학과 대중문화를 넘어 광고에도 등장해 여전히 소비자의 경계를 무너트린다. 사랑은 브랜드에 따뜻한 감정을 갖게 만드는 힘이 있다.

셋째, 캠페인 태그라인은 달라졌으나 코카콜라는 행복을 마시는 것이라는 핵심 메시지는 계속해서 전달하고 있다. '행복을 여는 코카콜라'는 소비자의 마음속 깊이 각인된 브랜드 자산이다. 이 캠페인은 구축된 브랜드 자산을 접어두고 새로운 자산을 형성하려는 것이 아니다. 코카콜라가 추구했던 '행복' 브랜드 가치가 너무나 추상적 영역에 있었기에 이제는 어떻게 콜라가 행복감을 주는지 구체적 이야기를 들려주는 것이다. 다양한 일화적 기억이 쌓이면 코카콜라는 언제나 행복을 느끼게 하는 청량제로 다가오며 이를 마실 때 행복해진다. 우리는 기억으로 존재하기 때문이다.

탄산음료를 퇴출시키자는 운동이 미국에서 펼쳐지자 코카콜라는 돌연 비만 퇴치 광고를 내기 시작했다.

125년간 우리는 사람들을 하나로 모았습니다. 오늘 우리는 또 한 번 하나로 모으고자 합니다. '공공의 적'인 비만에 맞서기 위해.

코카콜라가 비만 문제 해결을 위해 내건 '하나가 되자'는 내용의 공익광고다. CNN 등에 첫 방영된 광고에서 코카콜라는 자사 650개 제품 앞면에 열량을 표시했다고 강조했다. 한마디로 '마시기 전에 확인하자'는 것이다. 2대 탄산음료 회사인 펩시도 팝스타 비욘세와 함께 건강 증진 캠페인에 나섰다. 이러한 움직임은 뉴욕을 시작으로 주요 대도시의 탄산음료 규제에 따른 대응책으로 풀이된다.

미국 공립과학센터 등 일부에서는 콜라 회사 광고를 눈 가리고 아웅 하는 식이라는 비판을 쏟아냈다. 탄산음료가 비만의 주범임을 인정하지 않고 마치 고객의 건강을 생각해 열량을 표시하는 것처럼 콜라의 해로움을 희석시킨다는 이유에서다.[40]

소비자와의
소통 창구

이제 브랜드는 전통적인 매체 광고라는 틀에서 벗어나 마치 신문사 기자들처럼 브랜드 스토리를 생산하고 다양한 경로로 유통하는 새로운 패러다임에 근접해 가고 있다. 선두 브랜드는 각자의 '브랜드 뉴스룸Brand Newsroom'을 꾸려 스토리 융합 시대에 적응해 가고 있다. '브랜드 저널리즘Brand Journalism'은 브랜드 스토리의 성격을 띤 콘텐츠이다. 브랜드 스토리를 마케팅에 활용하려는 목적으로 전통 저널리즘에서 기사를 생산하고 편집하고 확산하는 과정처럼 브랜드 스토리를 생산하고 유통한다.

현재 코카콜라, P&G, 유니레버, 델컴퓨터 등 글로벌 기업은 전직 기자와 검증된 외부 작가를 대거 고용해 자사 브랜드와 직간접적으로 연관된 고품질 기사를 제작한 뒤 뉴미디어를 통해 유통시킨다. 한편으로 신문사, 잡지사 등 미디어 회사가 광고를 콘텐츠 사이에 삽입하는 전통적 방식 대신 브랜드에 긍정적 영향을 줄 수 있는 소재를 발굴하고 기사화하려는 흐름 역시 브랜드 저널리즘으로 간주할 수 있다.

그렇다면 왜 제조업이 신문사처럼 콘텐츠 생산과 유통에 열을 올리는 것일까? '이제 모든 기업은 미디어 기업이다Tom Foremski, 2009'라는 명제가 있다. 이 명제가 시사하는 것처럼 제조업을 포함한 모든 기업은 소비자, 내부 임직원, 정부와 관련 기관을 대상으로 디지털 미디어 환경에서 지속적으로 긍정적 존재감을 만들어가야 한다. 기업의 최고경영자가 출판사의 발행인 역할도 맡아 경쟁사 대비 우월한 미디어 영향력을 유지해야 하는 것이다.

코카콜라는 2013년 끝자락에 업계를 한바탕 뒤집는 발언을 했다.

우리의 향후 목표는 언론 보도자료를 없애 버리는 것이다.

기업이 원하는 메시지를 매체를 통해 소비자에게 전달하는 기존 정보 생태계의 패러다임을 뒤바꾸겠다는 당찬 용기는 대체 어디에서 나온 것일까? 그 비밀은 2012년 런칭한 기업 웹진 〈코카콜라 저니Coca-Cola Journey〉에 숨어 있다. 사이트는 여러 섹션으로 구분되어 있는데 각 섹션마다 코카콜라의 기업 공고, 즉 인사 이동이나 회사 소식, 회사와 브랜드의 역사, 새로 출시된 제품 소개와 캠페인, 코카콜라 직원들의 이야기, 코카콜라 팬의 흥미를 끌 만한 온갖 흥미로운 콘텐츠가 매일 폭포수처럼 쏟아진다.

하지만 내막은 그동안 탄산음료의 비만 논쟁 등으로 부정적 여론이 형성되어 있는 상황에서 회사가 이야기하고 싶은 핵심을 직접 대중에게 전하려는 의중이 깔려 있다. 또한 SNS의 발달로 채널을 다양하게 운영할 수 있는 환경이 조성됐기 때문이다. 물론 애틀랜타 본사 편집국 직원 6명이 이 거대한 콘텐츠를 모두 만드는 것은 아니다. 전 세계 코카콜라 직원과 편집국에 모여 매일 회의하는 40여 명의 전문 프리랜서 작가들, 그리고 '오프너The Opener'라는 파워 블로거까지 350명에 달하는 외부 필진과 협력한 합작품이다. 경영진의 귀에 거슬릴 정도의 이야기까지 콘텐츠로 만드는 편집권의 독립성 덕분에 〈코카콜라 저니〉는 이제 브랜드 저널리즘의 대표적 사례로 전 세계 기업의 집중 탐구 대상이 된 지 오래다.

현재 독일, 일본, 러시아, 호주, 이탈리아 등 10여 나라에서 로컬 사이트를 운영 중이며 2017년까지 22개국으로 늘릴 예정인 〈코카콜라 저니〉의 키포인트는 데이터이다. 모세혈관처럼 퍼진 SNS 망과 〈코카콜라 저니〉 사이트를 통해 수집한 정량적, 정성적 데이터는 한곳에 모여 향후 편집 방향과 주요 토픽에 접근하는 핵심 아이디어를 제공한다.

세계적인 브랜드 가치 조사기관인 인터브랜드가 '세계 100대 브랜드'를 선정한 이래 1위를 놓치지 않던 코카콜라는 이제 애플과 구글이라는 ICT 산업의 쌍두마차에 의해 왕좌에서 내려왔다. 하지만 127년 동안 미국을 넘어 전 세계 소비자의 추억을 공유한 친구로서 과거와 현재, 미래를 초월한 브랜드로 자리 잡았다. 그 영속적 가치의 의미를 알기 때문에 코카콜라는 사람들이 의구심을 품던 브랜드 저널리즘을 브랜드의 차세대 전략으로 선택한 것이 아닐까. 성역 없이 열린 플랫폼에 소비자를 직접 초대하는 용기를 발휘한 〈코카콜라 저니〉는 투명성과 진정성의 시대에 발맞춰 21세기 브랜드가 살아남는 길을 알려주는 등불로 진화 중이다.

〈코카콜라 저니〉의 운영을 총괄하는 글로벌 디지털 커뮤니케이션&소셜 미디어팀은 총 6명이다. 〈코카콜라 저니〉 사이트뿐 아니라 연동 블로그 콘텐츠의 전략 수립부터 감독, 제작, 배포, 출판, 확산, 트래킹 및 분석까지 담당한다. 코카콜라 언보틀드 Coca-Cola Unbottled 팀은 코카콜라의 주요 SNS 미디어 채널을 관리하고 코크 시스템에서 디지털, 소셜, 사설에 대한 전반적인 업무를 맡는다. 특정 국가가 그들만의 로컬 저니를 만들 경우 글로벌 플랫폼이 형성되도록 지원한다.

〈코카콜라 저니〉의 성공 요인에 SNS가 빠질 수 없다. 〈코카콜라 저니〉의 미디어 플랫폼은 공식 홈페이지에 국한하지 않고 모든 소셜 채널을 광범위하게 아우른다. 소셜 네트워크는 브랜드 스토리를 폭넓게 전달하는 데에 매우 유용하다. URL을 입력하는 사람이 점점 사라지고, 브랜드는 이제 지인의 추천, 공유, 페이스북의 뉴스피드 등을 통해 사람들과 만난다. 단순히 발행했다고 모든 업무가 끝나지 않는다. 관련 소셜 채널로 연계시키는 단계가 필수다. 최신 기술과 밀접하고 SNS를 자주 사용하는 18~35세 독자군이 전체의 60%를 차지하기 때문이다.

재미있는 사례 한 가지를 소개하면, 1996년 출시한 감귤맛 스파클링 음료 서지Surge는 2003년 단종되었다. 그러나 소수 열성 팬의 청원으로 이듬해 9월 아마존Amazon.com에 재출시했다. 코카콜라 역사상 언론보도와 광고 없이 디지털 미디어 채널과 SNS를 통해 제품 출시를 알린 최초의 일이었다. 〈코카콜라 저니〉에서 발표한 출시 보도는 곧 SNS를 타고 널리 퍼졌고 SNS에서의 성공이 다시 〈코카콜라 저니〉로 유입되는 선순환을 가져와 결과적으로 페이스북과 트위터의 팔로워를 대상으로 신기록을 달성한 UGC 캠페인이 되었다.[41]

[숫자로 보는 〈코카콜라 저니〉 2014년 기준]

▶ 총생산량 : 월 평균 75개의 블로그 포스트와 기사가 올라온다. 글로벌 저니와 로컬 저니를 합치면 월 평균 211개의 콘텐츠가 올라온다.

▶ 생산 주체 비율 : 글로벌 디지털 커뮤니케이션&소셜 미디어팀, 혹은 내부의 다른 팀에서 제작한다. 30%의 비율을 정해 외부에 제작을 맡긴다.

▶ 단일 유튜브 계정에는 월 평균 256개의 영상이 올라온다.

▶ 콘텐츠 종류별 생산량 : 월 평균 384개의 이미지가 올라온다.

▶ 방문객 : 월 평균 120만 명이 방문한다.

▶ 콘텐츠 종류별 생산량 : 글로벌 저니와 로컬 저니를 합하면 월 평균 1,064개의 이미지가 올라온다.

[〈코카콜라 저니〉를 구성하는 3대 콘텐츠]

▶ 소비자 콘텐츠(Consumer Content) : 코카콜라 브랜드, 지속 가능한
경영, 웰빙, 혁신, 기술, 소셜 미디어, 음악, 스포츠, 코카콜라 역사 등
을 다룬다. 소비자가 가장 많이 댓글을 달며 공유도 활발하다. 전체
콘텐츠의 75%에 이른다.

▶ 기업 콘텐츠(Corporate Content) : 전체 콘텐츠의 15%를 차지하며,
일반적인 기업 웹사이트에서 제공하는 정보다. 미국 증권거래위원회
제출 자료를 비롯해 기타 투자 정보와 취업 정보를 다루며 투자자, 주
주, 구직자 등 코카콜라 회사에 관심 있는 사람을 위한 보도자료라 할
수 있다.

▶ 시즌 및 특별 이벤트 : 세계적으로 영향력 있는 행사나 계절 이슈 관
련 콘텐츠로 올림픽, 월드컵, 크리스마스 등이 해당된다. 전체 콘텐츠
의 10%를 차지한다.

코카콜라는 세계에서 가장 가치 있는 브랜드로 꾸준히 1위에 올
라왔다. 2015년 〈포브스〉의 브랜드 평가에서는 애플, 마이크로소
프트, 구글에 밀려 4위를 차지했으나 청량음료를 주력 상품으로 판
매하는 기업이 IT, 전자 산업과 어깨를 나란히 한다는 점에서 여전
히 대단한 기록이다. 이제 코카콜라는 자본주의의 상징이 되었다.

하지만 이 지위를 얻기 위해 얼마나 많은 노력이 따랐을까? 탄

산음료 논쟁에서 살아남기 위해 얼마나 많은 수단과 방법을 동원했을까?

시각에 따라 정말 훌륭한 위험 매니지먼트 회사일 수도 있고, 로비와 거짓으로 상황을 반전시키는 미꾸라지 같은 회사일 수도 있다. 그래도 많은 위험 문제를 해소하려는 기업에게는 밴치마킹의 대상이기도 하다. 또한 시민 단체나 운동가들에게는 기부금이나 로비 등 교묘한 방법으로 운동을 방해하는 공공의 적이기도 하다. 어찌되었든 코카콜라는 회사의 위험을 최소화시켜 유리한 환경을 만들어가는, 시대를 풍미하는 대표적인 위험 매니지먼트 회사다.

2

정크푸드로 낙인찍힌
맥도날드의 위험 경영

맥도날드의 상황도 콜라 시장과 유사하다. 그들은 어떻게 위험에 대처하고 있을까?

현재 맥도날드는 본고장인 미국에서도 소비자의 외면을 받고 있다. 건강을 중시하는 미국의 밀레니얼 세대가 맥도날드를 '정크푸드'로 못 박고 찾지 않는 추세기 때문이다. 이어 중국 맥도날드가 유통기한이 지난 패티를 사용했다는 소식이 매출 하락을 부추겼다. 이 때문에 2015년 맥도날드의 3~4분기 매출은 전년 동기에 비해 3.3% 줄었다. 매출은 예상치에서 3억 달러가량 하락했고, 더 큰 문제는 하락세가 4분기 연속 이어졌다는 점이다.

아울러 멕시코 패스트푸드인 치포트, 건강 제과 파네라 브레드 등 건강식품을 활용한 새로운 프랜차이즈 외식업체도 맥도날드의 새로운 위협으로 다가왔다. 계속해서 매출이 하락하자 맥도날드의 돈 톰슨Don Thompson CEO는 해결 방법을 강구했다. 외신들이 패스트 푸드임에도 서비스 제공 시간이 길어졌다고 지적한 부분을 참고해 메뉴를 줄이는 방안을 모색한 것이다. 또한 미국의 2000개 매장에서 버거번과 치즈, 토핑 등을 마음대로 고를 수 있는 '당신의 맛을 만드세요Create Your Taste'라는 메뉴로 마케팅을 벌였다. 맥도날드 로고의 크기를 줄인 포장지를 사용하고, 사랑과 우정을 그린 광고도 선보였다. 다양한 마케팅이 회사를 회복시키는 기회로 보고 대응하고 있다.

일본 맥도날드, 미디어 플랫폼으로 거듭나

2015년 도쿄에서는 맥도날드의 일본 법인 '일본 맥도날드 홀딩스'가 기자회견을 열어 사과하는 일이 있었다. 치킨너겟에서 푸른색 비닐 이물질이 발견된 이후 공식 사과하는 자리였다. 맥도날드는 태국 공장에서 이물질이 들어간 것으로 보고 해당 날짜에 공급된 치킨너겟 판매를 모두 중단했다. 일본 맥도날드가 이물질로 물의를 빚은 것은 한두 번이 아니다. 후쿠시마에서는 선데이 아이스크림에서 플라스틱 조각이 발견됐다. 맥도날드에 따르면 아이스크림 제조 기계의 파편이 들어갔다는 것이다. 오사카에서는 2014년 8월 감자칩에서 사람의 치아와 비슷한 이물질이 발견됐다는 신고도 있었고, 9월에는 교토 맥도날드의 핫케이크에서 금속 물질이 발견되기도 했다.

더 나쁜 사태는 2014년으로 거슬러 올라간다. 당시 일본 맥도날드는 중국 식품업체로부터 사용 기한이 지난 닭고기를 공급받은 것으로 알려져 1~3분기까지 매출이 12.7% 감소하고 순손실 75억 엔을 기록했다.[42]

닭고기 가격 인상 여파로 유통기한이 지난 닭고기를 사용했다가 혼쭐 난 일본 맥도날드는 2015년 4월 공수식(두 손을 공손하게 모아서 인사하는 방식) 인사 광고가 한국식이라고 불매 운동까지 당하는 황당한 경험까지 했다.

그런 일본 맥도날드에게 한 줄기 희망이 생겼다. 바로 '포켓몬고'다. 맥도날드는 1979년부터 장난감 저작권사와 파트너십을 맺고 해피밀이라는 집객 시스템을 운영해왔다. 그 일환으로 나이앤틱Niantic과 계약하고 400여 매장을 포켓몬고 체육관과 포켓스톱으로 지정해 화제가 됐다. 애드버타이징 에이지Advertising Age에 따르면 포켓몬고의 활약으로 2015년 7월 기준 전년 동기 대비 27%의 매출 상승 효과를 거둬 위기의 일본 맥도날드의 구세주가 되었다.

포켓몬고 이후 일본 맥도날드는 새로운 모객 전략을 런칭했다. 2015년 6월부터 1,800개에 이르는 일본 내 모든 맥도날드 매장에 프리 와이파이를 도입했고, 이를 바탕으로 과거의 해피밀이 그랬던 것처럼 파트너십을 통한 모객을 진행하고 있다. 캐릭터 상품을 줬던 과거 해피밀 전략에서 벗어나 각종 디지털 서비스를 제공하는 형태로 바꾼 것이다. 이를 통해 일본 맥도날드는 미디어 플랫폼으로 변화를 꾀하고 있다. 이를 입증하듯 일본 넷플릭스(동영상 서비스)와 킹(게임 서비스)을 1,800개 매장에서 무료로 즐길 수 있게 됐다.

킹은 캔디 크러쉬 사가Candy Crush Saga로 유명한 회사로, 2014년 말 59억 달러에 액티비젼 블리자드에 인수됐다. 맥도날드 프리 와이파이로 '버블 위치 2 사가'를 플레이하면 맥 슈츠 로드라는 독점 맵과 맥 프렌치프라이 미디엄 사이즈 쿠폰을 제공한다. 킹이 만든 게임을 제대로 즐기고 싶다면 일본 맥도날드로 오라는 것이다. 이는 포켓몬고뿐만 아니라 버블 위치 2 사가를 즐기는 게이머까지 포섭한 것으로 볼 수 있다.

또한 넷플릭스 콘텐츠의 홍보 채널 역할을 하기 시작했다. 넷플릭스는 2014년 9월 일본에서 출시된 이후 가입자가 꾸준히 늘어나는 상황인데, 버즈를 이끌어내기 위해 안간힘을 쓰고 있다. 사용자들은 맥도날드 매장에서 넷플릭스를 무료로 이용한 후 콘텐츠 감상을 계속하고 싶거나, 넷플릭스의 콘텐츠에 만족하면 넷플릭스에 가입하게 될 것이다.

일본 맥도날드는 이러한 집객 전략을 'Fun Place to Go'라 부르며 적극 홍보하고 있다. 고객은 매장에서 이벤트가 끊이질 않으니 계속 방문하게 될 것이고, 일본 맥도날드는 고객이 상주하면서 매출을 발생시키니 가입자당 평균매출Average Revenue Per User, ARPU이 증가할 것이다. 또한 파트너십을 맺은 서비스에서 발생하는 매출의 일부를 나눠받을 수 있으므로 훌륭한 미디어 플랫폼이라 할 수 있다. 패스트푸드의 시대가 갔다고 말하지만 일본 맥도날드는 다양한 노

력을 통해 매출과 성장을 도모하고 있다.[43]

미국 맥도날드, 소비자 신뢰 회복에 안간힘

맥도날드는 실적 부진으로 CEO를 경질하고 직원 감원에 나섰으나 유럽에서 1조 원이 넘는 탈세 스캔들에 휩싸였다. 이외에도 저임금 노동자의 반발 등 끊임없는 위기 상황에 골머리를 앓고 있다. 그러나 블룸버그통신은 "진짜 문제는 더 이상 사람들이 맥도날드 음식 자체를 그다지 원하지 않는 것"이라고 분석했다. 미국의 거대 패스트푸드 업체인 맥도날드가 부진의 늪에서 안간힘을 쓰고 있는 것이다. 맥도날드는 2015년 4분기 매출이 전년 동기 대비 7% 감소하고 주당 순이익은 0.27달러 줄어들었다. 실적 부진의 책임은 맥도날드에서 25년 근무한 돈 톰슨 최고경영자를 사임으로 내몰았다.

맥도날드의 위기는 외식업계의 변화에서 기인했고, 톰슨 CEO는 그 상황에 제대로 대처하지 못했다는 분석이 나온다. 미국 소비자 사이에서 건강식에 대한 관심이 커진 데다 셰이크쉑버거SHAKE SHACK Burger, 인앤아웃버거In-N-Out Burger 등 수제 햄버거 가게가 급성장한 점도 한몫했다.

이런 상황에서 더 큰 우려도 제기된다. 사실상 '패스트푸드'라는 개념을 창조한 맥도날드의 정체성마저 흔들리고 있는 것이다. 소비자가 저렴하고 편리한 음식에서 눈을 돌린 것이 아니라 더 이상 '맥도날드 음식'을 원하지 않는다는 주장이다. 한마디로 대표격 패스트푸드로서의 가치를 잃어가고 있다는 것이다.

맥도날드는 현재 미국 내에만 36,000여 개의 점포를 가지고 있다. 그러나 창업 70년이 된 지금, 음식에 대한 소비자의 기대는 나날이 높아지고 있다. 즉 소비자는 패스트푸드의 홍수 속에서 더 많은 선택의 유혹을 받고, 타 업체는 맥도날드보다 더 나은 질, 가격, 환경을 제공하며 소비자를 끌어당기고 있다. 그 결과 맥도날드는 2016년 3월 최대 시장인 미국에서의 판매가 4%, 전 세계 판매는 1.7% 감소했다. 이런 위기 상황에서 유럽에서만 1조 원이 넘는 거액 탈세 의혹에 휩싸였다.[44]

맥도날드는 상황을 타개하기 위해 '더 건강한 세대를 위한 연합 Alliance for a Healthier Generation'과 함께 건강 정책을 발표하며 "단계적으로 감자튀김과 탄산음료를 대신할 물, 우유, 주스 등 몸에 좋은 음식을 메뉴에 포함시키겠다"고 밝혔다. 어린이들이 즐겨 먹는 해피밀 메뉴판과 광고를 통해 자사 메뉴의 영양소도 강조했다.

맥도날드가 판매하는 햄버거, 감자튀김, 콜라 등은 고열량으로 몸에 좋지 않은 음식을 뜻하는 대표적인 정크푸드에 속한다. 이런 음식을 자주 섭취하면 성인병의 주요 원인인 비만, 고혈압, 당뇨 등을 일으킬 위험이 있어 그동안 여러 단체에게 비판을 받아왔다.

특히 맥도날드의 정책에 상당한 영향을 미친 '더 건강한 세대를 위한 연합'은 클린턴재단과 미국심장협회가 아동 비만을 줄이기 위해 설립한 비영리단체로, 시민과 함께 맥도날드의 어린이 마케팅 중단과 메뉴의 영양소 개선을 요구해왔다. 돈 톰슨은 건강 정책을 발표하면서 "우리는 과일과 채소 판매를 늘릴 수 있다고 생각한다"며 "맥도날드는 주도적 역할을 하고 있고 해결책의 일부가 될 수 있다. 사람들은 평균적으로 한 달에 3번 맥도날드를 먹는다"고 설명했다. 그러면서 톰슨은 어린이들이 우유를 더 마시도록 장려한 과거 캠페인을 언급하며 "2000년대 중반 광고 확대와 선명한 포장용기를 사용해 미국 맥도날드의 우유 매출이 50% 증가한 바 있다"고 덧붙였다.

2011년 영국의 유명 요리사 제이미 올리버Jamie Oliver가 맥도날드 패티 원료인 핑크 슬라임Pink Slime의 문제점을 지적하는 동영상을 업

[맥도날드의 Our Foods Your Questions 사이트]

로드해 미국 및 캐나다 언론에 집중 보도되는 위기 상황이 발생했다. 맥도날드는 핑크 슬라임을 사용하지 않는다는 공식 발표와 함께 브랜드 사이트를 개설해 소비자의 의혹과 궁금증을 풀어주는 캠페인을 진행했다. 소비자가 질문을 올리면 텍스트, 이미지, 비디오를 통해 성의 있게 답변함으로써 위기 해소와 신뢰 회복의 계기를 마련해 갔다. 지금까지는 답변에 시간이 많이 걸리고 내용도 두루뭉술해서 고객의 신뢰를 받지 못했지만, 이를 개선해 고객과 소통할 수 있는 유익한 채널로 발전한 것이다.[45]

3

악덕 기업에서
최고의 기업으로 변신한 셸

석유회사 로얄더치셸Royal Dutch Shel은 세계 초일류 기업으로 인정받는
다. 그러나 북해유전 원유 채굴에 사용한 시설물 폐기를 놓고 그린
피스와 충돌해 '북해 원유 채굴 시설물 폐기 사건'을 겪었다. 또한
환경 파괴 및 지역주민 학살 루머로 인한 '나이지리아 오고니 사
태' 등으로 최대 위기를 겪었다. 1995년에는 세계 10대 악덕 기업
중 1위에 오르는 등 한때 기업 이미지가 최악의 상태에 이르렀다.

로얄더치셸은 이미지의 극적 변화를 겪은 기업이다.

시나리오 경영의 맹주,
셸

1995년 미국의 다국적 모니터 단체가 세계 10대 악덕 기업을 발표하면서 셸을 1위로 뽑았다. 그해 셸은 그린피스의 공격을 집중적으로 받았다. 셸은 회사 이름처럼 1833년 영국 런던에서 조개껍질을 판매하는 조그만 상점에서 출발해 170년 동안 성장한 글로벌 석유 관련 세계 초일류 기업이다.

셸은 시나리오 경영의 교과서가 될 정도로 불확실한 미래 상황의 전략적 접근으로 체계적인 위기 대응 능력을 갖추고 있었다. 이러한 셸의 이미지 추락은 세계 경제계 및 석유업계에 큰 충격을 주었다.

1995년은 인터넷 대중화의 원년으로, 새로운 커뮤니케이션 채널에 세계의 관심이 고조된 시점이었다. 인터넷은 특히 그린피스와 같은 NGO 단체의 활동에서 가장 중요한 수단이 되었다. 그해 그린피스 및 세계 NGO가 가장 주목한 기업이 바로 셸이었던 것이다.

하지만 시나리오 경영의 맹주 셸은 인터넷 위력의 인식 부족과 대처 능력 부재로 결국 씻기 힘든 오점을 남겼다. 셸을 괴롭힌 신호탄은 북해에서 나타났고, 카운터펀치가 된 결정타는 나이지리아 오고니 지역에서 발생됐다. 하지만 두 사건을 통해 오늘날 셸은 전화위복이 되었다.

북해 원유 채굴 시설물
폐기 사건

1995년 6월 셸은 그린피스의 도전을 받았다. 셸이 북해 유전 원유 채굴에 사용했던 높이 140미터, 무게 15,000톤의 초대형 원유 채굴 시설물을 6월 21일 영국과 네덜란드 사이 북해 한가운데에 가라앉히기로 결정한 것에 그린피스가 저지를 선언한 것이다. 그린피스는 130톤가량의 유독 물질이 그대로 남아 있어 해양 오염이 심각해질 것을 경고하면서 원유 채굴 시설물을 육지에 끌어올려 처리할 것을 주장했다.

그러나 셸은 그린피스의 주장을 무시했는데, 거기에는 그럴 만한 이유가 있었다. 셸은 철거 방법으로 네 가지 시나리오를 검토했다. 그중 작업의 안전성, 경제적 비용, 환경 오염 등을 검토한 결과 가장 우수하다고 판단한 것이 심해에 폐기하는 방법이었다. 그 방법은 석유업계 전문가는 물론 존 메이저 총리를 위시한 영국 정부도 지지했다.

하지만 그린피스는 가장 무책임한 결정으로 판단하고 대대적인 폐기 반대 운동을 펼쳤다. 환경 운동가들은 시설물 점거 및 예인 작업 방해 활동을 펼쳤고, 셸 불매운동을 선언하며 인터넷을 통해 활동 상황을 사진과 함께 게시했다. 셸의 해양환경 오염의 구체적 내용을 전 세계에 알린 것이다. 평소 그린피스 홈페이지는 전 세계 언론이 관심을 갖고 있던 터라 셸 불매운동은 곧바로 세계 언론의 취재 대상이 되었다. 여기에 유럽 각국의 환경 단체 및 소비자 단체가 참여하고, 녹색당과 같은 정치 집단과 종교 집단까지 동조했다.

문제가 확대되자 셸의 노동조합마저 회사를 비난하는 성명을 내기에 이르렀다. 독일의 콜 총리는 G7회담에서 이 문제를 정식 제기하고 셸의 기업 활동 제재 가능성까지 밝혔다. 이처럼 셸 불매 운동은 유럽 전역으로 확대됐고, 각국의 셸 주유소 입구마다 환경 운동가들이 유인물을 돌리며 고객을 다른 주유소로 보냈다. 그 결과 유럽 전역에서 셸의 매출은 30%까지 떨어졌다.

셸은 그린피스의 주장을 반박하며 '해양 폐기가 오히려 환경에 안전하다'는 연구 결과와 함께 "원유 채굴 원가 상승은 곧 유가 상승으로 이어진다"는 입장을 발표했다. 그러나 오히려 상황은 더 악화되었다. 마침내 셸은 바다에 폐기하려던 계획을 전면 철회했다. 그에 따른 경제적 손실로 셸은 4억 5천만 달러의 추가 비용을 부담했으며, 향후 모든 해상 원유 채굴 시설에 상상을 초월하는 추가 폐기 비용이 발생했다.

나이지리아
오고니 사태

1995년 11월 나이지리아 군사 정부는 오고니 지역의 인권운동가 켄 사로 위와Ken Saro-Wiwa를 포함해 9명을 처형했다. 이 사태로 각국 정부와 단체는 나이지리아 군사 독재

정부에 국제 제재 조치를 잇달아 내렸다. 하지만 공교롭게도 셸에게 불똥이 튀었는데 시발점은 그린피스 홈페이지 때문이었다. 그린피스는 북해와 관련해 셸 불매운동을 벌이면서 셸을 부도덕한 기업으로 내몰았고, 나이지리아 오고니 지역의 환경 파괴 및 오고니 부족에 대한 정부군의 무자비한 주민 학살의 배후로 셸을 지목했다.

사실 오고니 지역에서의 투쟁은 환경 투쟁이 아닌 부족 자결운동이며 나아가서는 독립 투쟁이었다. 그들이 주장한 셸의 환경 파괴에 대한 보상은 하나의 수단이었지 목적 그 자체는 아니었다. 즉 나이지리아 경제의 근간인 석유 개발이 오고니 지역에서 이뤄지면서도 혜택은 지배 계급에게만 돌아가는 것의 반발이었던 것이다. 하지만 군사 독재 정부는 기득권 보호를 위해 강경 진압으로 일관했고 지도자와 동조자를 사형시키고 말았다.

결국 그린피스는 오고니 문제의 핵심을 셸의 환경 오염 사태로 이끌었고, 셸은 막강한 자금력으로 나이지리아 군사 정부를 뒤에서 조정해 오고니를 황폐화시키며 폭리를 취했다. 이후 셸은 국제 인권위원회를 비롯한 많은 국제 NGO 단체의 표적이 됐고, 이미지 추락과 함께 창사 이래 최악의 사태를 맞았다.

이 사건의 중심도 인터넷이었다. 그린피스 홈페이지에는 처형당한 작가 켄 사로 위와가 쓴 군사 정부와 셸에 대한 투쟁의 글이 실렸다. 그 글은 세계인의 심금을 울렸고, 사로 위와는 세계 환경 단체 및 인권 단체에서 지지받는 아프리카의 유명 인사가 되었다.

반면 셸은 배후 조정 혐의로 씻기 어려운 오명을 얻었다.

1995년 최대 위기를 겪은 셸은 현재까지 꾸준한 노력을 통해 이미지 쇄신 활동을 펼치고 있다.

• 신뢰 회복의 일등공신, shell.com의 열린 게시판

셸의 홈페이지에 들어가면 누구든 원하는 말을 할 수 있도록 공개해 놓았다. 게시판에 올린 글은 절대 지우거나 수정하지 않고 어떠한 질문에도 성심성의껏 답변한다. 셸은 자사 웹사이트 게시판에 각종 비방, 모함, 고소고발 사건에 부정적 정보를 진심으로 수용하면서 차츰 고객에게 신뢰감을 주었다.

• 정치적 중립성과 환경 공헌을 바탕으로 한 위기 관리 매뉴얼 원칙

셸은 기업 윤리에 바탕을 둔 전반적인 활동 지침을 담은 위기 관리 매뉴얼을 갖고 있다. 매뉴얼에는 일반적인 업무 수행의 원칙이 규정되어 있다. 원칙의 첫 번째가 정치적 중립성이다. 1995년 나이지리아 오고니 사태가 정치적 루머에서 시작되었던 것을 교훈으로 정치적 중립성을 첫 번째로 삼았다. 두 번째는 세계 환경에의 공헌이다. 즉 세계 시민의 건강, 안전, 환경 문제를 기업 활동의 최우선 과제로 간주하고, 이를 침해하지 않기 위한 구체적인 활동 지침을 규정했다.

• 세계시민으로서의 사회적 참여와 반부패 정책

셸은 부패를 추방하고 세계 시민에게 봉사하는 기업을 목표로 2020년

지구촌 시나리오를 만들었다. 셸은 현재 반부패 정책을 표방하는 대표적 기업으로 알려져 있다. 자체 감사팀에서 매년 뇌물에 관한 내부 감사 보고서를 작성해 공개적으로 발표하고, 국제적인 반부패 운동을 지원하기 위해 유엔 및 국제투명성기구 등 국제단체의 활동도 적극 지원한다. 또한 나이지리아에 6천만 달러를 기부하고 30개의 병원을 설립했으며, 8만 명의 농민에게 농업 지원금을 대주고, 산업 발전을 위한 소규모 창업도 도와주고 있다. 이렇듯 셸은 나이지리아에서 사회적 책임을 다하고자 노력하고 있다.

• 국제사회에의 신속하고 정확한 정보 공개

2003년 3월 셸은 전격적으로 나이지리아에서 2주 동안 석유 수출을 하지 못한다고 공식적으로 발표했다. 나이지리아에 내분이 일어나 회사의 통제가 미치지 못하는 불가항력적인 사태가 발생했고, 이로 인해 현지 전 직원을 본국으로 송환시켰다고 발표했다. 또한 셸은 이 사건에 엄정한 정치적 중립을 지키고 있으며 유혈사태의 최대 피해자임을 강조했다. 이것은 과거 오고니 투쟁에서 주도권을 그린피스와 국제 인권 단체에게 빼앗겨 루머에 시달렸던 상황과 달리 먼저 주도권을 쥐고 정보를 투명하게 공개하는 커뮤니케이션 전략으로 선회했음을 보여주는 대표적 성공 사례다. 외신은 나이지리아 유혈사태를 보도하면서 부족 간의 석유 이권을 둘러싼 끊임없는 분쟁은 석유 생산량을 저하시키는 세계 석유시장의 큰 문제점 중 하나라고 지적했다. 어느 누구도 셸이 연관되어 있다고 비판하지 않았다.

셸의
'전략적 위기 관리 지식창고'

셸은 1995년 그린피스를 비롯한 국제 환경 및 인권 단체로부터 집중 공격을 받은 이후 엄청난 노력을 기울여 이미지 쇄신에 성공했다. 노력의 기반이 되는 시스템이 바로 위기 관리 정보 시스템인 '전략적 위기 관리 지식창고'다. 이 시스템을 통해 인터넷을 가장 잘 활용하는 기업이 되었다.

셸이 자랑하는 전략적 위기 관리 지식창고는 탁월한 정보 수집이 가능했다. 즉 시장에서 경쟁력을 강화하고, 고객 및 이해관계자보다 정보 우위를 점해 주도권을 잡을 수 있었던 것이다. 시스템의 구성 요소는 다음과 같다.

- Online Monitoring System^{Knowledge Broker}: 인터넷에서의 다양한 이해관계자의 정보를 수집하고 전달하는 역할을 수행하는 온라인 모니터링 시스템이다.
- Risk Management Manual & Dictionary^{The Gloss}: 상시적으로 업데이트되는 온라인 위험 관리 매뉴얼로 세부 규정 및 통일된 위험 관리 사전을 포함한다.
- Core Intelligence CEO Report^{Executive Themes}: 이미 규정된 최고의 정보만을 축약해 CEO에게 실시간으로 보고함으로써 의사결정을 지원한다.
- Organizational Report^{CI News to Go}: 핵심 이슈 및 필요 정보를 관련

직원에게 신속히 알려, 조직 내 커뮤니케이션을 원활히 해주
는 기능을 갖는다.

• Competitive Knowledge DB^{Competitor Profiles}: 경쟁자의 정보만 축
약해 모아놓고 현재의 활동과 미래의 예상 활동을 규정한다.

• Labor Union & HR Information^{HR Manager}: 노조 관련 정보 및 셸
의 핵심 인력, 산업 전문가, 파트너 기업의 핵심 인물, 각종 이
해관계자의 정보를 관리한다.

• Competitor's Failure Case & Scenario Management^{Yellow File}: 경쟁
자의 실패 사례만을 모아놓고, 시나리오 경영 기법을 통해 셸
이 동일한 상황에 처했을 때 위기를 기회로 반전시키기는 전
략을 수립한다.

세계적인 초일류 기업 중 대표적인 위기 관리 모델을 갖고 있는
셸 사례는 우리에게 의미하는 바가 크다. 셸을 당혹하게 만든 것은
그린피스 등의 환경 단체가 펼치는 인터넷 캠페인의 위력을 사전
에 인지하지 못했다는 점이었다.

셸이 세계 최고의 악덕 기업이라는 수치스런 오명을 벗어던질
수 있었던 것은 무엇보다 각고의 위기 관리 노력이 있었기 때문이
다. 또한 그 기반에는 '위기 관리 지식창고'를 통해 정보의 우월성
을 가지고, 신속한 위기 관련 정보 수집과 정확한 대처 능력이 있
었다. 현재 셸은 이미지가 많이 회복됐고 글로벌 위기 관리를 가장
잘하는 대표적 기업이 되었다. 두 가지 대형 사건의 실패 경험은

오히려 셸이 세계 최강의 위기 관리 노하우를 갖춘 기업이 되는 발판이 된 것이다. 이러한 이미지 쇄신 노력은 경영 실적과도 연결되어 현재 석유 메이저 중 최고 매출을 기록하며 순이익도 급증하고 있다.

1995년 두 사건을 통해 셸과 투쟁한 그린피스는 역사에 남을 성공적인 스토리를 갖게 되었다. 이 사건은 표면적으로 보면 환경 문제를 유발하는 악덕 기업에 대항한 환경 단체의 승리처럼 보이지만 그 이면은 새로운 매체인 인터넷을 누가 잘 활용했느냐의 싸움이었다. 이것은 추후 대기업을 상대로 한 NGO 단체의 안티기업 활동을 어떻게 해야 하는지를 보여준 대표적 모범 사례가 되었다.

셸이 주는 교훈

오늘날 우리나라 기업도 1995년 셸과 유사한 유형의 위기를 겪고 있다. 각종 시민 단체 및 소비자 단체가 활발하게 움직이며 종종 활동의 대상으로 기업을 공격하곤 한다. 시민 단체의 활동은 시민의식의 성장으로 볼 수 있지만 주요 수단은 인터넷이었다. 특히 인터넷을 성공적으로 활용한 국내 NGO의 유사 사례가 국내에서도 흔히 일어나고 있다.

셸은 인터넷을 활용한 '위기 관리 지식창고'를 통해 위기 관리를 가장 잘하는 기업으로 무장되어 있다. 만약 1995년 이 시스템이 있었다면 그린피스가 셸 반대 운동을 전개하기 시작할 징후를 온라인 모니터링 시스템을 통해 실시간으로 감지할 수 있었을 것이다. 이를 사전에 규정해 놓은 위기 관리 매뉴얼에 따라 위기 유형으로 인지하고, CEO 리포트 시스템을 통해 CEO에게 바로 보고해 합리적인 의사결정을 내렸을 것이다. 그리고 다양한 분석을 통해 위기 관리 대응 전략을 수립했을 것이다.

이제는 다른 석유 메이저의 경쟁자 환경 분쟁 실패 사례를 통해 각종 대응 시나리오를 검토하고 최적의 시나리오를 수립한다. 또한 핵심 이해관계자 정보 데이터베이스를 통해 그린피스를 비롯한 환경 단체, 소비자 단체, 인권 단체의 핵심 인사의 정보를 파악해 전개 방향에 따라 사전에 시나리오를 만든다. 그렇게 분석된 대응 시나리오 및 관련 지침을 전사적 행동 강령으로 전달해 CEO 및 CRO를 통한 위기 관리의 리더십을 발휘한다.

이러한 시나리오가 가능한 이유는 위기 관리의 문제 해결을 위한 주도권을 누가 쥐느냐에 있다. 1995년 실패의 중요한 요인은 그린피스가 인터넷을 무기로 주도권을 쥐고 세계 여론을 이끌도록 만든 것이었다. 하지만 만약 셸이 주도권을 가졌다면 보다 책임 있게 대응할 수 있었을 것이다. 주도권을 갖기 위해서는 위기 예측력과 위기 대응 능력을 갖고 있어야 한다. 즉 얼마나 빨리 위기 정보를 수집하는가와 얼마나 정확하게 대처해야 하느냐의 의사결정이 바로 위기 관리 능력인 것이다.

세계 최고의 인터넷 국가인 우리나라에서 활동하는 대기업은 셸의 '위기 관리 지식창고'와 같은 위기 관리 정보 시스템이 꼭 필요하다. 이 시스템을 통해 각종 시민 단체, 안티사이트, 정부기관, 언론기관, 정책연구소, 금융 정보, 시장 정보 등 각종 이해관계자에게서 유발되는 위기 정보를 실시간으로 파악하고 사전에 대비함으로써 위기 관리를 성공적으로 할 수 있기 때문이다. 하지만 위기 관리 정보 시스템이 전부가 아니다. 셸 사례에서 보았듯 겉으로 드러난 노력은 정보 시스템이 아니라 사회에서의 신뢰감과 기업의 사회적 책임이다.

그러나 셸과 그린피스의 대결은 거기에서 끝나지 않았다. 2015년 10월 8일 레고는 셸과의 50년에 걸친 제휴를 종료했다. 레고는 1970~1992년까지 셸 로고가 들어간 세트를 판매했고, 2012년부터 셸 주유소를 이용하는 고객에게 레고의 미니카를 사은품으로 주는

WE NEED YOUR HELP. DONATE TODAY.
Shell is #RepairingFreedom

프로모션도 진행했다.

두 회사의 제휴 관계가 종료된 배경에는 그린피스를 비롯한 환경 단체가 전개한 '북극 환경보호 캠페인'이 있었다. 셸은 2012년부터 알래스카에서 자원 탐사를 위한 시추를 시작했다. 그해 말 시추 장비가 좌초하면서 잠시 중단되었으나 셸은 2015년부터 다시 북극 시추를 시작할 것이라고 밝혔다. 이에 그린피스는 "북극에서 원유를 시추하는 일은 위험이 크고, 멕시코만 사고와 같은 원유 유출 사고 가능성이 있다"고 경고했다.

> 복구 작업은 사실상 거의 불가능하다. 하지만 생태계에 미치는 영향은 매우 클 것이다.

2014년 7월 8일 그린피스는 한 동영상을 공개했다. 제목은 '모든 것이 최고는 아니에요 Everything is not awesome'였다. 북극에서 원유 유출이 발생하면 자연이 어떻게 파괴될지 레고 장난감을 이용해 보여주는 영상이었다. 이 영상을 본 100만 명가량이 레고를 향해 셸과의 제휴 관계를 끝내도록 요구하는 청원서에 서명했다.

그린피스가 3개월 동안 진행한 캠페인은 레고와 셸의 50년에 걸친 협력과 1억 1,000만 달러 규모의 판매 촉진 제휴 계약을 종료시킴으로써 셸에 타격을 주기 위한 것이었다. 그린피스는 동영상의 마지막 부분에 다음과 같은 메시지를 전했다.

셸의 북극 시추를 반대한 그린피스의 동영상.

셸은 아이들의 상상력을 오염시키고 있습니다. 레고가 셸과의 제휴를 끝내도록 이야기해주세요.

그린피스는 이 영상 외에 셸 주유소 및 전 세계의 관광 명소를 배경으로 레고 미니 피규어를 이용한 '작은 시위'도 진행했다. 조회 수가 600만 회를 넘기며 동영상이 인기를 끌자 레고는 백기를 들었다. 레고의 CEO 외르겐 비 크누드스토르프는 "레고는 그린피스의 전술을 지지하지 않는다"며 "이러한 환경 캠페인에 휘말리고 싶지 않다"고 말했다. 동시에 "상황이 크게 변하지 않는다면 이후에도 셸과 추가 계약을 갱신하지 않을 것"이라고 덧붙였다.

화석연료 산업에서 손 떼는 기업의 수는 점점 늘어나는 추세다. 영국의 고급 슈퍼마켓 체인 웨이트로즈Waitrose는 2012년 셸과의 제휴를 종료했다. 또한 2014년 9월에는 마이크로소프트, 구글, 페이스북 등이 기후변화 법안에 반대하는 보수파 압력 단체인 미국입

법교류협의회ALEC에서 탈퇴하거나 지원을 중단했다.

북극을 석유 채굴 및 대형 어업으로부터 보호해야 한다는 운동은 세계적으로 확산되는 추세다. 600여만 명이 참여했으며, 그린피스의 '북극 선언Arctic Declaration'에는 엠마 톰슨, 폴 메카트니 등 유명인사 1,000여 명이 서명했다.[46]

그린피스의 북극 선언은 세계적인 지지를 얻었다.

PR 활동으로 브랜드 충성도를
축적한 풀무원

과거 실패한 기업의 위기 관리는 지속적으로 기업의 명성에 나쁜 영향을 미친다. 위기 관리 연구의 대가인 티모시 쿰즈Timothy Coombs는 위기 경력이 있었던 기업이 위기를 극복하고 명성이 회복되었다 할지라도, 현재 위기가 발생한 기업의 평판보다 낮게 나타난다는 연구 결과를 내놓았다. 또한 과거 위기를 겪었던 기업이 새로운 위기에 접했을 때는 부정적 평판 피해를 더욱 가중시킨다는 중첩 효과Velcro effect도 보고되고 있다. 즉 과거에 위기가 발생했었다는 사실만으로도 기업 명성은 낮아진다.

위기는 이처럼 그 성격상 기업 위기가 발생했다는 자체만으로도 하나의 나쁜 역사로 남는다. 기업이 맞는 위기는 결국 평소 이해관계자와의 관계 관리 혹은 평소 PR 활동을 제대로 하지 못했다는 반증이 될 수 있다. 위기로 인한 브랜드 명성의 추락은, 반대로 생각하면 기업이 모든 이해관계자와 관계 관리 차원의 기업 PR을 제대로 이행해 나가면 기업 명성이 유지될 수 있다는 것을 의미한다.

풀무원의 경우 위기 역사와 사업 역사가 브랜드 태도와 충성도에 직접 영향을 미치지 않은 이유는 풀무원이 오랜 기간 PR 활동을 전개해 진정성 있는 기업으로 소비자에게 인식되었기 때문이다. 그 진정성을 통해 브랜드 태도와 충성도에 긍정적으로 영향을 미쳤다.

반면 일방향의 TV 광고 위주의 마케팅 활동에 주력해왔고, 위기 상황에 자주 직면했던 남양유업의 경우에는 풀무원과 상반되는 결과가 나타났다. 아래 그림에서 보듯 기업 PR 역사성이나 위기 역사

[위기 관리가 진정성과 브랜드 태도에 미치는 영향의 구조 방정식(풀무원)]

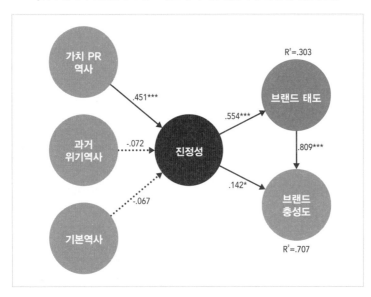

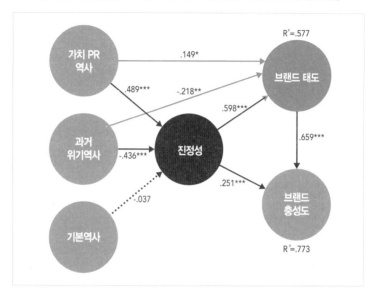

[위기 관리가 진정성과 브랜드 태도에 미치는 영향 구조 방정식(남양유업)]

성 인식이 브랜드 태도에 유의미한 영향을 미친다. 특히 기업의 위기 역사 인식은 브랜드 태도와 기업 진정성 인식 모두에 부정적 영향을 미치는 것으로 나타나 주목됐다. 아울러 기업 진성성 인식은 풀무원과 마찬가지로 남양유업에서도 브랜드 태도(t=7.608, p⟨.001)와 충성도(t=3.498, p⟨.001)에 유의미한 영향을 미치는 요인이었다. 이러한 결과는 평판이 좋지 않은 기업에서 위기가 발생하면 브랜드 태도에 직접 부정적 영향을 미치기 때문에 평소 지속적인 PR 활동이 매우 중요하다는 점을 시사한다.[47]

진정성 있는 기업으로
인정받는 풀무원

대규모 물리적 충돌까지 빚었던 풀무원과 화물 지입차주와의 갈등은 10개월여 만에 봉합됐다. 그동안 파업 장기화로 실적 악화와 이미지 훼손으로 곤란을 겪었던 풀무원이 파업 사태 종료를 계기로 악화된 실적과 훼손된 기업 이미지를 회복할 수 있을지 주목된다.

실제로 풀무원은 화물 지입차주의 파업으로 물류 차질과 차량 파손 등에 따른 피해액만 27억 원에 달했다. 파업에 참여했던 지입차주들이 소속된 화물연대가 개입하면서 신선 식품 보관과 유통, 허위 과장 광고 등의 화물연대의 폭로와 불매운동 등이 이어지면서 '바른 먹거리'라는 풀무원의 이미지에도 타격을 입었다. 실적도 추락했고 파업 직전 26만 원대였던 주가는 12만 원대까지 떨어졌다.

2014년 말부터 시작된 화물 운수업자와의 분쟁은 풀무원에는 재앙에 가까웠다. 한때 국내에서 가장 존경받는 기업의 하나였으나 오랜 분쟁으로 명성에 상당한 피해를 입었다. 민주노총 또한 큰 타격을 입었다. 당시 분쟁에서 시민의 지지를 받지 못한 것은 향후 노동운동 단체로서 리더십 발휘에 큰 짐이 될 것이라는 전망도 나왔다.

피알원 부설연구소는 2년간 소셜 미디어에서 풀무원과 관련된 연관어를 조사했다. 공동단어 빈도수 분석 결과 2014년 빈도수가 가장 높게 나타난 '두부'와 '바른 먹거리'는 2015년에 급격한 하락세를 보였다. 반면 2014년에 언급되지 않았던 '의사', '불매운동', '성범죄자', '법안', '박탈', '화물 노동자'라는 키워드가 2015년에 급격하게 상승했다. 이 현상은 현재 풀무원과 관련이 없지만 창업자 원혜영 의원이 진료 중 성범죄를 일으킨 의사의 면허를 박탈하는 법안을 발의하면서 일부 의사가 풀무원 불매운동을 전개해 나타난 것으로 보인다.

특이한 점은 화물연대와의 분쟁 때 풀무원 브랜드 충성도가 높은 소비자가 이럴 때일수록 풀무원을 더욱 이용해야 한다는 반응이 나타나 버즈량을 증가시키고, 불매운동을 무력화시키는 현상이 나타났다는 점이다. 이는 풀무원이 과거부터 현재까지 형성하고 있는 기업 역사로 인한 브랜드 충성도가 소비자 인식 속에 긍정적으로 형성되어 있었기 때문이다. 부정적 이슈를 감소시키면서 사건에 책임이 없다는 귀인歸因 프로세스가 인지적 메커니즘으로 반영되어 나타난 결과다. 즉 과거에 축적되어 있던 기업의 긍정적인 역사와 평가가 위기 발생 때 부정적 이슈를 감소시키는 역할을 한 것이다.

공동단어 분석(행위자연결망이론의 창시자 중 한 명인 칼롱이 창안한 것으로, 공동으로 출현하는 핵심 키워드에 빈도수를 추출해 분석하는 방법)에서 추출한 핵심 키워드는 일종의 행위자로 간주할 수 있다고 가정한다. 즉 특정한 시기에 이슈화되는 키워드의 출현 빈도수가 늘었다는 것은 그 키워드가 표상하는 행위자의 활약상이 돋보였다는 의미로 해석할 수 있다. 또한 특정 키워드의 출현 빈도수를 측정함으로써 해당 시기 위험 커뮤니케이션의 지형을 간접적으로 읽고 예측할 수 있다.

페이스북, 트위터, 인스타그램의 SNS를 분석한 결과 풀무원이 포함된 버즈량은 총 38,191건이 조회되었다. 2014년에는 긍/부정 평가를 분석한 결과 긍정이 79%로 가장 높게 나타나고 부정이 17%, 혼합이 4%로 나타났다. 반면 2015년에는 부정이 48%, 긍정이 46%, 혼합이 5%로 나타났는데, 이는 소셜에서 부정 글들이 많아진 상황이라고 해석할 수 있다.

[2014년 풀무원 이슈에 따른 게시글 빈도]

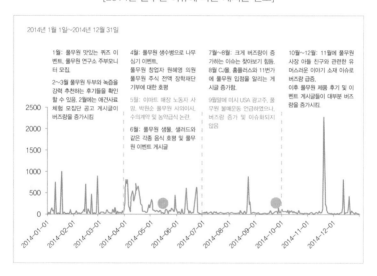

[2014년 풀무원 연관어 빈도]

2014년	
연관어	빈도수
두부	3242
아빠얘기	3204
원혜영	2865
바른먹거리	2022
기부	1995
올바른	1632
박원순	1608
창업자	1284
이마트	1147
월드컵	1078

[2015년 풀무원 이슈에 따른 게시글 빈도]

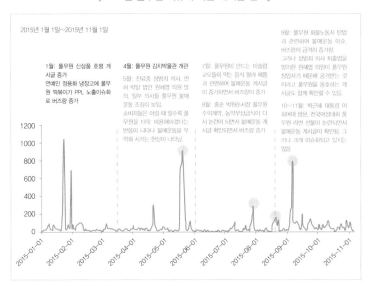

2015년 1월 1일~2015년 11월 1일

1월: 풀무원 신상품 호평 게시글 증가
연예인 정용화 냉장고에 풀무원 떡볶이가 PPL 노출이슈화로 버즈량 증가

4월: 풀무원 김치박물관 개관
5월: 진료중 성범죄 의사, 면허 박탈 법안 원혜영 의원 발의, 일부 의사들 풀무원 불매운동 조짐이 보임.
소비자들은 이럴 때 일수록 풀무원을 더욱 이용해야겠다는 반응이 나타나 불매운동을 무력화 시키는 현상이 나타남.

7월: 풀무원이 만드는 이슬람 교도들이 먹는 음식 할랄 제품과 관련하여 불매운동 게시글이 증가하면서 버즈량이 증가
8월: 중순 박원순시장 풀무원 수의계약, 농약무상급식이 다시 논란이 되면서 불매운동 게시글 확인되면서 버즈량 증가

9월: 풀무원 화물노동자 탄압과 관련하여 불매운동 이슈. 버즈량이 급격히 증가함.
그러나 성범죄 의사 퇴출법을 발의한 원혜영 의원이 풀무원 창업자기 때문에 공격받는 것이라고 풀무원을 옹호하는 게시글도 함께 확인할 수 있음.

10~11월: 박근혜 대통령 이화여대 방문, 전국여성대회 풀무원 라면 선물이 논란되면서 불매운동 게시글이 확인됨. 그러나 크게 이슈화되고 있지는 않음

1200
1000
800
600
400
200
0

2015-01-01 2015-02-01 2015-03-01 2015-04-01 2015-05-01 2015-06-01 2015-07-01 2015-08-01 2015-09-01 2015-10-01 2015-11-01

[2015년 풀무원 연관어 빈도]

2015년	
연관어	빈도수
의사	3588
불매운동	3170
성 범죄자	3148
원혜영	2729
법안	1816
박탈	1763
화물노동자	1358
단백질	1064
바른먹거리	675
두부	541

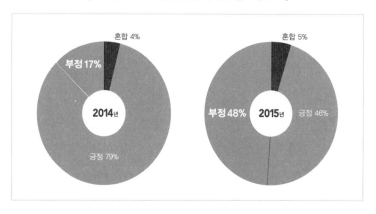

평판은 지금까지의 긍정과 부정의 합이라 할 수 있다. 아무리 평판이 좋았던 기업도 부정 이슈가 계속 쌓이면 긍정적 평판보다 부정적 평판이 주를 이룰 수 있다. 그러므로 평소 사회공헌과 같은 유익한 활동이 필요하며, 부정적 이슈가 발생했을 때는 평판 관리가 필요하다.

5

가습기 살균제 사건이 드러낸
우리 사회의 민낯

가습기 살균제 사건은 대한민국 역사상 최악의 화학 참사다. 살균제를 사용한 사람들의 폐에서 섬유화 증세가 일어나, 환경보건시민센터가 접수받은 바에 따르면 사망자 239명, 심각한 폐질환 형태로 발현된 것이 1,528명에 이른다. 처리 과정에 문제가 많아 '안방의 세월호 사건'으로 불린다. 대량 인명 피해가 발생했다는 점, 정부의 무능과 골든타임을 놓쳤다는 점, 정부가 위기 관리에 실패한 점, 피해자 구제와 사후 수습 부실 등 세월호 처리 과정의 문제점과 꼭 닮았다. 피해자 배상을 두고도 두 사건 공히 여러 문제를 드러냈으며 특별법 제정에서 갈등과 대립을 벌인 점도 같다.

여기에 제2의 가습기 살균제 참사를 막기 위해서 징벌적 배상 제도, 집단소송제도, 화평법, 화관법 등의 법규 제정이 필요한데도 낙관할 수 없는 형편 또한 같다. 세월호 참사가 보여준 우리 사회의 민낯이 가습기 살균제 참사에서도 똑같은 모습으로 나타나고 있는 것이다.

이처럼 계속되는 정부의 위기 관리 실패의 근본 원인은 위험과 위기 소통의 실패에 있다. 위험 소통이든 위기 관리 소통이든 모든 소통의 성공은 소통 당사자 간의 공감과 진정성, 신뢰에 있다. 메르스 때도 병원의 이름을 함구하고 비밀주의와 함께 중앙정부와 지방정부 간의 정보 공유와 협력 부재, 환자 발생 숨기기, 부실 역학조사, 대통령을 포함한 책임자의 사과 외면, 정부와 삼성병원의 책임 떠넘기기 등으로 사실상 위기 관리를 포기했다는 지적을 받았다.

위기 때는 소통이 생명과도 같다. 이 엄청난 파장에 '김앤장과 정부를 수사하라', '국회가 특별법을 만들어라', '청문회를 열어라'라는 피해자들의 주장은 당연한 요구다. 국민이 존재하지 않는 정부와 국회는 역사상 지구상에 없었기 때문이다.

이 사건으로 치약, 기저귀, 화장품 등 화학물질을 사용하는 많은 생활용품에 우려가 커지고 있다. 우리는 그동안 너무 많은 부분을 과학기술에 의존하여 그 폐해에 대해 너그러웠다. 사회 전체가 마치 알코올 중독자처럼 움직이는 사회를 빗댄 〈중독사회 *When Society Becomes an Addict*〉 발간으로 화제를 모은 앤 윌슨 섀프는 이미 30년 전에 우리가 발달시킨 과학기술과 수학으로 야기된 중독 혹은 중독 시스템으로 지구 전체를 파괴하고 있다며 세심한 주의를 요구해왔다. 더구나 물질주의 시스템은 매우 에너지 소모적이고 파괴적이

어서 방치할 경우 인류의 삶에 미래는 없다며 사회의 분발과 개선
을 촉구했다.

살균력을 강조했던 가습기 광고.

가습기 살균제 사건의
전개 과정

▶1996년 유공 '가습기메이트'라는 살충제 최초로 개발

SK케미칼의 전신인 유공이 가습기 살균제 원료 폴리헥사메틸
렌구아니딘[PHMG] 제조 신고서를 환경부에 제출한 것은 1996년
이다. 신고서에 '흡입하면 해로울 수 있다'는 내용이 있었지만
정부는 추가 독성 자료를 요구하거나 유독물로 지정하지 않

았다.

▶ 1998년 미국 환경청 MIT 성분에 경고 발표

1998년에 작성된 미국 환경청의 농약 재등록 적격 결정 보고서에는 메틸이소티아졸리논^MIT 성분에 대한 경고가 나와 있다. 2등급 흡입 독성 물질로, 실내에서는 더욱 빠른 속도로 흡입되어 우려된다는 내용이다. 휘발성과 부식성이 있기 때문이다. 그러나 정부는 보고서가 나온 지 10년이 넘도록 사실 파악조차 하지 못했다.

▶ 2000년 원가 절감을 위해 PHMG를 원료로 한 가습기 살균제 시판

가습기 살균제 사망 사건의 최대 가해업체인 옥시가 살균제 개발 전에 살균 성분제 분야의 국내 최고 전문가로부터 직접 제품 유해성 경고를 받고도 무시한 것으로 확인됐다. 사정 당국에 따르면 2000년 중반 옥시연구소의 선임연구원으로 있던 A^(구속)는 서울에서 생활화학제품 제조업체 B사 대표 C를 만났다. C 대표는 A에게 "CMIT·MIT와 달리 PHMG의 흡입 독성은 국내외에서 전혀 검증된 바 없다. 자체적인 독성 실험을 반드시 거쳐야 한다"고 경고한 것으로 전해졌다. 하지만 결국 흡입 독성 실험은 생략된 채 2000년 10월 PHMG를 원료로 한 가습기 살균제가 시판됐다.

▶ 2001년 옥시는 PHMG를 사용함에도 흡입 독성 실험 누락

당시 국내에서 흡인 유해성을 평가할 수 있는 시설이 전국에 두 군데밖에 존재하지 않았다. 게다가 그 두 곳도 국책기관 등에서나 사용이 가능했고, 일반 사기업이 검사를 받을 수 있는 곳은 전무했다. 살균제 제조업체들은 피부에 대한 유해성 자료와 먹었을 때의 유해성 자료(LD50)를 '적절히 계산하여' 검사기관에 보고했고 기관은 이를 승인하고 말았다. 또한 가습기 살균제 제조업체 세퓨의 원료 염화에톡시에틸구아니딘PGH을 처음 수입한 업체가 유해성 심사를 신청하면서 용도를 밝히지 않는 등 기준을 충족하지 못했는데도 정부 심사를 통과한 것으로 드러났다.

▶ 2003년 위해성 고시 누락, 엉터리 신고서 작성

SK케미칼은 PHMG를 호주로 수출하면서 호흡기로 흡입하면 위험할 수 있다는 보고서를 현지 정부에 제출했지만 국내 제조사에는 제대로 알리지 않았다. 심지어 14명의 목숨을 앗아간 세퓨 가습기 살균제의 원료에 대해 정부는 유독물질이 아니라는 고시를 한 것으로 드러났다. 이는 국립환경연구원이 2003년 6월 10일 관보에 고시한 내용이다. 스프레이 제품임에도 흡입 독성 시험을 하지 않았고, 신청서도 엉터리로 작성된 것으로 밝혀졌다.

▶ 2006년 원인 불명의 폐렴 보고

의료계에 원인 불명의 폐렴이 보고되어 의사들이 정부에 보고했으나 질병관리본부는 "좀 더 두고 보자"는 미온적 반응을 보였고, 역학조사도 이뤄지지 않았다.

▶ 2007~2008년 바이러스 때문으로 잘못 판단

원인을 알 수 없는 소아 폐렴 사례 30건이 학계에 보고됐지만 정부 차원의 역학 조사는 이뤄지지 않았다. 이듬해 전국 28개 병원과 질병관리본부가 실태 파악에 나서 49.4%의 높은 사망률을 확인하고도 바이러스 때문으로 잘못 판단했다.

▶ 2011년 4월 질병관리본부의 예비 역학조사 시작

질병관리본부 역학조사과에 원인 미상의 중증 폐렴 환자의 역학조사를 의뢰하는 서울아산병원 감염관리실 의료진의 신고가 들어왔다. 서울아산병원에는 2011년 1월부터 숨을 잘 쉬지 못하는 임산부가 들어왔는데, 7명의 입원 환자 중 1명은 사망한 상태였다. 의료진은 항생제, 스테로이드, 체외순환막형 산화요법 등 가능한 모든 수단을 동원했지만 질병의 원인을 밝힐 수 없었고, 환자의 상태는 악화되기만 했다. 이러한 환자가 전국적으로 발생하고 있다는 사실을 인지한 아산병원 의료진은 원인 미상의 중증 폐질환이 신종 감염병일 가능성을 우려해 보건복지부 산하 질병관리본부에 신고한 것이었다.

질병관리본부의 예비 역학조사가 시작되면서 임산부뿐 아니라 성인 남성과 어린이에게도 같은 질환이 발생했다는 사실이 밝혀졌다. 질병관리본부는 이 질환이 감염성 질환이 아닐 가능성이 매우 높다는 판단에 5월 6일 환경보건 등 여러 분야의 전문가가 참여하는 다각적 역학조사를 수행했다. 결국 여러 환경 요인을 조사 대상에 포함해 역학조사를 벌인 결과 가습기 살균제에 쓰이는 PHMG, PGH 등이 폐 손상에 영향을 미친다는 인과관계를 최종 확인했다.

▶2011년 8월 31일 보건복지부가 역학조사 결과 발표

보건복지부는 "가습기 살균제가 원인 미상 폐 손상 위험 요인으로 추정된다"는 역학조사 결과를 발표했다. 이어 11월 11일에는 "동물 흡입 실험 진행 결과 가습기 살균제에서 위해성(PHMG, PGH 독성물질)이 확인됐다"며 '옥시싹싹 뉴가습기 당번' 등 6종의 가습기 살균제에 수거 명령을 내렸다. 피해 대책은 제조사에 소송하라고 밝혔다. 역학조사로 뒤늦게 진상이 밝혀질 때까지 가습기 살균제는 연간 60만 개씩 팔려나가 249명의 사망자와 1,500여 명에게 후유증을 남겼다.

▶2011년 12월 기존 법인을 고의 청산 후 재설립

옥시레킷벤키저가 기존 법인을 해산하고 유한회사로 새롭게 설립되었다는 사실이 뒤늦게 밝혀졌다. 보건 당국이 가습기

살균제 강제 수거 조치를 취한 지 1개월 뒤 옥시레킷벤키저는 조직 변경 절차를 통해 기존 법인을 해산하고 주주, 사원, 재산, 상호만 그대로 남겨둔 채 유한회사로 탈바꿈했다. 유한회사는 회계 감사나 경영 실적 등을 공시할 의무가 없기 때문에 이러한 조직 변경이 뒤늦게 밝혀진 것이다. 이는 가습기 살균제 피해와 관련된 옥시레킷벤키저의 혐의가 인정되면 해당 법인이 처벌을 받게 되므로 그 책임을 면하기 위해 기존 법인을 소멸시킨 것으로 의심되고 있다. 실제로 조직 변경으로 기존 법인이 없어졌을 경우 그 책임이 새 법인에 승계되지 않는다는 법원 판례도 있다.

▶ 2012년 가습기 살균제 제조회사와 회사 대표를 형사 고발

CMIT·MIT는 유해화학물질관리법 시행 이전에 출시됐다는 이유로 유해성 심사를 20년 동안 면제받았으며, 2012년 피해가 드러난 뒤에야 두 물질은 유독물질로 지정되었다. 옥시는 가습기 살균제의 위해성이 드러난 이후에도 무대응으로 일관해 위기를 키웠다. 2012년부터 환경보건시민센터와 피해자 유족 등이 옥시를 비롯해 가습기 살균제 제조회사와 회사 대표를 형사 고발했다. 하지만 당시 가습기 살균제 시장의 80%를 차지하며 가장 많은 피해자를 양산했던 옥시는 즉시 사과나 피해 구제 등의 직접 대응에 나서지 않았다. 홍보팀도 거의 움직이지 않았다. 이후 검찰 조사가 본격화되기까지 옥시는

피해자들과 직접 소통하지 않아 공분을 샀다.

2012년 8월 31일, 공정거래위원회는 옥시가 '표시·광고의 공정화에 관한 법률'을 위반한 것에 과징금 5,100만 원을 부과하고 검찰에 고발했다. 공정위는 "옥시레킷벤키저는 실증이나 검증 절차도 없이 사실과 다르게 인체에 안전한 성분을 사용했다고 제품 용기에 표시했다"면서 이와 같이 결정했다. 이후 부정적 여론이 커지면서 2013년 11월 1일 환경부 국정감사에서 옥시의 샤시 쉐커라파카 대표는 "모든 피해자와 가족께 진심으로 안타깝고 송구하다"면서도 "해당 제품을 만들어 판매할 때는 안전하다고 믿었다. 인도적 차원에서 50억 원을 출연해 지원하고자 한다"고 말했다. 여전히 '인도적 차원'이라는 말로 선을 그으며 잘못을 인정하지 않았고, 피해자가 아니라 환경부에 기금을 공탁했으며 제대로 된 사과는 하지 않았다.

▶ 2013년 살균제 청문회 파행

가습기 살균제 판매 실태 등의 조사 필요성을 이유로 야당이 요구하던 가습기 살균제 청문회가 여당의 반대로 열리지 못했다. 당시 새누리당 최경환 원내대표는 "수사해서 처벌할 사안이지 국회가 정치적으로 갑론을박할 사안인가"라고 일축했다. 이후 여야가 간신히 합의해 가습기 살균제 사용 과정과 피해 사례 등을 조사하기 위해 가습기 피해자 공청회가 열리기는 했지만, 김상민 의원을 제외한 새누리당 의원은 아예 참석조차 하지 않았다.

▶2015년 환경부의 실책

환경부가 유럽연합에서 생활용품에 사용이 금지된 유해물질이 국내 업체가 판매하는 세정제와 살균·탈취 및 방향제 제품 등에 포함된 사실을 알고도 사용 제한 등의 적절한 조치를 하지 않았다. 환경부 국립환경과학원이 2015년 4월 발표한 〈살생물제 안정성 평가기법 도입 연구〉 보고서에 따르면, 국내 업체에서 판매하는 세정제 31제품, 탈취제 24제품, 방향제 41제품의 활성 성분 설문조사 결과 세정제에서 유럽연합에서 퇴출된 '시트릭에시드(구연산)'가 포함되어 있다. 이 유독물질을 흡입하면 치명적일 수 있고 피부 접촉 시 심한 화상 등을 일으킬 수 있음에도 사실상 손을 놓고 있다는 비판을 피할 수 없다.

▶2016년 4월 성의 없는 사과로 분노 확대

옥시의 늦은 사과, 성의 없는 사과가 피해자의 분노를 키웠다. 형사 고발 4년 만인 2016년 4월 검찰이 가습기 살균제 특별수사팀을 확대했고, 옥시의 민원 담당 전 직원이 검찰 조사를 받았다. 옥시는 검찰 수사망이 죄여오자 4월 21일 뒤늦게 보도자료를 통해 공식 입장을 처음으로 발표했다.

"가습기 살균제 사안과 관련해 좀 더 일찍 소통하지 못해 피해자 여러분과 가족 분들께 실망과 고통을 안겨드리게 된

점에 대해 진심 어린 사과의 말씀을 드린다. 모든 조사에 성실하게 임하고 협조하며, 가습기 살균제 관련 환자 분들과 가족 분들을 지원하기 위한 모든 논의와 대화에 적극적으로 참여하겠다."

덧붙여 옥시는 2013년 환경부와 협의를 통해 조건 없이 50억 원의 인도적 기금을 기탁했다며, 이번에 추가로 50억 원을 출연하겠다고 밝혔다. 하지만 너무 늦은 사과와 성의 없는 서면 사과문의 형식에 여론은 싸늘했다. 옥시에 앞서 롯데마트의 김종인 대표가 직접 고개 숙여 사과하고 보상 규모로 100억 원을 우선 책정하겠다고 밝힌 것과 비교됐다. 살균제 피해자들은 옥시의 사과문은 사과가 아니라 입장 발표문이라며 받아들이기를 거부했다.

▶2016년 4월 로펌이 주도한 법적 다툼으로 사과의 진정성 상실
옥시는 대외적인 사과가 이뤄진 시점과 거의 동시에 검찰에 "가습기 살균제 사용자의 폐 손상 원인이 봄철 황사 때문일 가능성이 있다"는 취지의 의견서를 제출해 여론의 분노를 키웠다. 검찰의 수사 개시 직후 가습기 살균제와 인체 폐 손상 사이에 인과관계가 있다고 본 질병관리본부의 2012년 역학조사 결과를 반박하는 77페이지 분량의 의견서를 서울중앙지검 특별수사팀에 제출한 것이다. 해당 의견서는 옥시 측의 변호를 맡은 김앤장의 자문을 받아 제출된 것으로 알려졌다. 이와 관

련해 검찰 관계자는 "폐 손상 발병 원인을 두고 왈가왈부할 단계는 이미 지났고, 옥시 측이 그 같은 의견서를 낸 것은 검찰 수사를 흐리려는 태도다"고 말했다.

▶ 2016년 4월 가습기 살균제 논란 속 옥시 불매운동 본격화

소비자의 분노는 불매운동으로 이어졌다. 옥시가 사과문을 낸 4월 21일 각종 온라인 커뮤니티와 기사 댓글 등에는 옥시 상품을 구입하지 않겠다는 네티즌의 글이 확산됐다. MTN 보도에 따르면 네티즌은 "옥시가 가습기 사건에서 보여준 행위만으로도 충분히 불매하고 싶은 마음이 든다", "가습기 사건 이후로 수년째 옥시 불매 중. 그 가냘픈 아이들이 평생 겪어야 할 고통을 생각하면 영원히 불매해도 모자람", "가족을 잃은 피해자들에게 진심으로 사과하지 않는 이상 불매운동을 멈추지 않을 것" 등의 반응을 보였다. 또 일부 네티즌은 옥시 제품을 대처할 수 있는 타사 제품을 정리한 사진 등을 각종 온라인 커뮤니티와 온라인 카페 등을 통해 확산시켰다. 네티즌의 자발적인 불매운동 외에도 환경보건시민센터 등 일부 소비자 단체에서도 옥시 제품의 조직적 불매운동을 시작했다.

▶ 2016년 5월 옥시 대표 직접 사과

검찰 수사와 함께 불매운동 및 비판적 언론 보도가 이어지는 등 여론이 악화되자 5월 2일 옥시 아타 샤프달 대표가 가습기

살균제 피해 사건과 관련해 기자회견을 열어 공식 사과문과 향후 피해 보상안을 발표했다. 보도자료 사과문 외에 직접 기자회견을 열어 사과문을 발표한 것은 2011년 가습기 살균제 피해가 확인된 이후 5년 만에 처음이었다. 하지만 늦어도 너무 늦었다.

▶2016년 10월 옥시 한국 대표 "모든 잘못 인정한다"

10월 25일 아타 사프달 옥시 한국지사 대표가 가습기 살균제 사태와 관련해 재판에 넘겨진 신현우, 존 리 전 대표와 함께 나란히 법정에 등장했다. 사프달 대표는 법정에 온 피해자들에게 "'아이가 죽으면 가슴에 묻는다'는 피해자들의 말을 절대 잊지 않겠다"며 사과했다. 그는 또 "금전적 보상을 아무리 많이 하더라도 깊은 슬픔과 고통을 대신할 순 없을 것"이라며 "아이를 잃은 가족에게는 10억 원까지 보상하고 평생 치료를 제공하는 방안을 논의했다. 피해자들이 고통을 잊고 일상생활로 돌아갈 수 있게 최선을 다하겠다"고 말했다. 그는 이날 가습기 살균제의 라벨에 '인체에 안전한 성분 사용', '아이에게도 안심' 등의 허위 문구를 넣은 혐의를 모두 인정했다. 또 살균제 원료로 쓰인 PHMG에 독성이 있어 폐 손상을 유발할 수 있다는 점도 인정했다. 검찰의 공소사실에 다투지 않을 것이며 이러한 비극이 다시 발행하지 않도록 안전 시스템을 강화하겠다고 말했다.

▶2016년 11월 15일 소비자 단체가 법원 비판

서울중앙지법은 피해자 등 10명이 가습기 살균제 제조업체 세퓨를 상대로 낸 손해배상 청구 소송에서 원고 일부 승소 판결했다. 또 가습기살균제참사전국네트워크, 가습기살균제피해자와가족모임은 16일 광화문 네거리에서 기자회견을 열고 법원을 비판했다. 법원이 옥시의 조작 은폐된 주장에 휘둘려 합의 조정하는 치명적인 실수를 저질렀으며 상급 법원은 징벌적으로 살인 기업의 책임을 물어야 한다고 주장했다. 또한 여러 차례 고발된 바 있는 정부 부처에 대한 수사를 검찰이 철저히 해야 한다고 요구했다.

▶2016년 11월 검찰, 옥시 전 대표에 징역 20년 구형

검찰은 유해 가습기 살균제를 만들어 팔아 대규모 인명 피해를 일으킨 혐의로 기소된 신현우 옥시 전 대표에게 징역 20년을 구형했다. 검찰은 존 리 전 대표에게도 징역 10년을 구형하고, 옥시연구소장을 지낸 K에게는 징역 15년, C에게는 징역 12년을 각각 구형했다. 신현우 등은 살인죄가 아닌 과실치사와 사기 등의 혐의로 기소됐다. 그럼에도 검찰이 중형을 구형한 것은 사건의 파장을 고려한 조치다. 결심 공판에서 검찰은 "기업의 이윤을 위해 소비자의 안전을 희생시킨 신씨 등의 책임이 무척 무겁다"며 "엄중한 처벌이 불가피하다"고 말했다.[48, 49]

다른 생활용품에 대한
불신으로 번져

가습기 살균제 사건은 우리 사회에 큰 영향을 미쳤다. 사건을 수사하는 과정에서 정부의 유해물질 관리에 대한 과실과 옥시레킷벤키저를 비롯해 가습기 살균제 제조 및 판매업체의 뻔뻔한 대응으로 화학 성분이 들어간 생활용품 전반으로 불신이 확산되었다.

피해자 대부분이 상대적으로 연약한 어린아이와 임산부였다는 사실이 알려지면서 아이를 가진 주부들을 중심으로 '옥시레킷벤키저만의 문제가 아닐 것'이라는 불안이 퍼졌고, 관련 제품 매출은 급감했다. 2016년 5월 4일 온라인쇼핑몰 옥션에 따르면 젖병을 세척할 때 사용하는 젖병 세정제 매출은 지난해 같은 기간보다 54% 감소했다. 섬유탈취제와 방향제 매출도 각각 41%, 25% 떨어졌다.

다른 생활용품까지 불신하는 이유는 문제가 된 가습기 살균제 제품이 유해 성분을 사용하면서도 '인체에 무해하다'거나 '흡입 시에도 안전하다'는 식으로 광고해왔기 때문이다. 여기에 가습기 살균제가 당초 공산품으로 분류되어 당국의 사전 허가나 승인 없이도 유통됐다는 사실이 알려지면서 정부의 허술한 정책을 비판하는 여론이 더해졌다. 결국 환경부는 전수조사를 실시하여 2016년 상반기에 사용 금지 유해물질을 새로 지정하고, 해당 물질을 사용한 방향제와 탈취제는 판매 금지시킬 것을 발표했다.

위기 발생 시 가능한 빨리 취해야 할 커뮤니케이션 규칙이 있다.

- 알고 있는 사실을 말하라. *Say what you know*
- 취하고 있는 조치를 말하라. *Say what you're doing*
- 시민이 무엇을 해야 할지 말하라. *Say what others should do*
- 위기에 대한 해석을 제공하라. *Offer perspective*

가습기 사건의 경우 옥시와 정부 관련 기관은 많은 커뮤니케이션 과정의 실수와 실패가 있었다. 특히 사건 초기부터 법률 대응의 위기 관리만 있고, 여론 및 평판 경영의 커뮤니케이션이 없었다.

다음은 조직과 소비자, 미디어의 입장에서 긴급 사태를 맞았을 때의 커뮤니케이션 체크 리스트이다.

[조직이 생각해야 할 위험 커뮤니케이션]

▶대중을 지배하는 것은 위험 자체보다 위험 지각이다.

공중의 위험 지각에 대한 관심이 비논리적일지라도 그들이 갖는 우려에 반응해야 한다. 만약 그들의 우려에 관심을 보이지 않는다면 당신을 절대 믿지 않는다.

위험 커뮤니케이션은 단순히 정보 제공이 아닌 이해관계자 간의 의견 교환을 동반하는 과정이다. 일방적인 정보 전달만으로는 위험 커뮤니케이션의 목적 달성에 한계가 있다. 양방향 의견 교환을 통해 사람들을 보다 깊숙이 커뮤니케이션 과정에 참여시키고 그들의 의견을 정책 결정 과정에 반영함으로써 이슈에 대한 관심을 지속시킬 필요가 있다. 일반인은 전문가만큼 위험에 대한 과학적 지식을 가지고 있지 않고, 설사 그러한 지식이 있다 하더라도 위험을 지각할 때 지식과 사실을 기반으로 분석적이고 이성적인 평가를 하지 않는다. 단순한 인상이나 인지적 지름길*cognitive shortcut*을 이용하여 감정적이고 '만약'의 가정에 의존하여 판단하는 성향이 있다. 전문가와 일반인의 위험 지각의 차이는 일반인도 전문가처럼 이성적이고 과학적으로 위험을 판단할 것이라는 이성적 모델에 기반을 둔 사고에 오류가 있음을 시사한다.

▶ 꼭 정답이 아니어도 가이드라인을 제시하라.

백수오 파동, 땅콩 회항, 리조트 붕괴 사고, 여객기 추락 사고, 고객 개인 정보 유출 등 매년 국내에서 발생하는 기업 위기 유형과 특성을 들여다보면 큰 공통점을 발견할 수 있다. 충분히 예측 가능한 상황에서의 무관심이다. '누구도' 예상하지 못했기 때문이라기보다는 '아무도' 관심을 가지지 않아 발생한 위기라는 공통점이 있다.

　기업의 모든 위기는 안전, 품질, 환경, 서비스, 고객, 사회, 준법, 윤리, 성공, 인간과 관련한 것들이다. 기업 철학은 이 각각의 구성원의 생각을 미리 정리해놓은, 가장 중요한 위기 관리 가이드라인이 된다. 이러한 기업 철학을 직원과 공유해야 한다. 만약 이런 철학이 없다면 지금부터라도 정립해야 한다. 위기 시에 기존의 기업 철학을 정확하게 적용하여 답을 내는 기업이 위험을 극복할 수 있다. 반면 위기 상황에만 몰두한 나머지 기업 철학에 입각한 가이드라인을 바로 제시하지 못하면 위기 관리의 기본을 무시하는 기업이다.

지속적인 모니터링을 통해 위기가 확실히 종결되었으면 후속 조치로 조직의 이해관계자에게 긍정적 느낌을 줄 있는 커뮤니케이션을 실행한다. 문제로 부각된 사안은 제도 개선, 보상 대책 등 공중의 신뢰 회복 프로그램을 꾸준히 실천해야 한다.

▶위험 소통에 적절한 메시지를 준비하지 않았다면 함부로 나서지 마라.

위기 상황에서 어설픈 발언으로 곤란을 겪은 사례는 부지기수다. 가습기 사태의 원인 제공 기업 옥시가 피해자에게 보낸 '한 장짜리 사과문'이 그렇고, 2015년 '경비원 폭행 사건' 피의자 미스터피자 정우현 회장의 '5줄 사과문' 역시 마찬가지였다. 예부터 모든 사과의 핵심은 '진심'이다. 하지만 설령 넘치는 진심이 있어도 피해자에게 적절히 전달할 수 없다면 아무런 소용이 없다.

가습기 사건에서도 수년간 모르쇠로 일관해온 옥시가 책임을 회피하려 새 법인을 세웠다는 의혹에 이어 관련 연구 결과를 조작하고 은폐한 정황까지 드러났다. 그러나 무엇보다 화난 여론에 기름을 끼얹은 것은 회사의 태도다. PB 상품 제조·유통사인 롯데마트와 홈플러스가 사과문과 함께 피해 보상

방침을 밝혔을 때도 옥시는 묵묵부답이었다. 뒤늦게 언론에 배포한 입장 자료는 사과가 아닌 변명에 가까웠다. 여기에 피해자의 집단 폐 손상 원인이 '봄철 황사나 꽃가루에 의한 것'이라는 취지의 의견서를 검찰에 제출한 것으로 알려지면서 공분을 더했다. 옥시는 2016년이 되어서야 기자회견을 열고 피해자에게 공식 사과하며 진화에 나섰다. 그 자리에서 한국 법인 대표가 직접 나서 사과와 보상 방안을 발표했으나 피해자 가족의 울분과 돌아선 여론을 좀처럼 돌려세우지 못했다.

▶ **법률가에 전적으로 의존하지 마라.**

한국에서 영업하는 다국적기업이 거액을 들여 한국 최고의 로펌을 쓰는 이유는 음지의·능력을 믿기 때문이다. 지사 입장에서는 책임을 회피할 수 있는 도구로 로펌을 이용하여, 최고 로펌의 조언대로 했다고 변명할 수 있는 것이다. 하지만 전관예우의 풍습에 기초해 한국 대표 로펌에 의존하는 행위는 또 하나의 위험을 내포한다. 최근 한국의 언론이 습관을 바꿨다. 기사에 변호인의 이름과 소속 로펌을 적시하기 시작한 것이다. 얼마 전까지만 해도 익명 처리했었다. 이는 법률 시장의 위기와도 관련이 있고, 의뢰인을 변호한다는 원론적 의미를 넘어 좋은 일, 나쁜 일을 가리지 않는 로펌의 행태와도 관련이 있다. 김앤장이 사건을 맡는다는 것이 꼭 좋은 일만은 아니라는 뜻이다.

옥시와 김앤장은 가습기 살균제의 위해성을 인지하고서도 "가습기 살균제 사용자의 폐 손상 원인이 봄철 황사 때문일 가능성이 있다"는 취지의 의견서를 검찰에 제출했다. 그에 따라 김앤장에 대한 부정 여론도 형성됐다. 대기업 내부에서는 여론과 평판의 전장에서 로펌이 하나의 새로운 위험 요소로 떠오르고 있다는 보고가 나오고 있다. 2014년 이건희 삼성 회장의 승소로 끝난 이맹희 CJ그룹 명예회장과의 상속 다툼 과정에서 이 회장이 대형 로펌을 지정하지 않고 전문 개인 변호사와 계약한 것은 살펴볼 의미가 있다.[50]

[소비자 입장에서의 위험 커뮤니케이션]

▶평소 소비자 위해 정보에 관심을 가져야 한다.

오늘날 대부분의 가정에서는 아이가 혹여 감기라도 걸릴까봐 걱정이 많다. 더구나 매스컴이 사스나 신종플루와 같은 낯선 감염병이 유행할 가능성이 있다고 보도하면 더욱 신경 쓴다. 또한 친척이나 친구, 이웃 등 주위에서 가습기, 정수기, 공기청정기, 제습기 등 건강용품을 권하면 재빨리 받아들인다.

실제로 가습기 살균제를 사용하다 자녀의 목숨을 잃었거나 치명적인 건강 피해를 입은 부모는, 가습기를 청소하지 않고 사용할 경우 세균이 자랄 수 있고 그렇게 되면 그 세균이 공기로 퍼져 심각한 감염병을 일으킬 수 있다는 가습기 살균제 회사의 광고와 언론 보도를 접하고 살균제를 구입했다고 증언했다. 가습기 피해자 가운데 생존자, 특히 폐 이식 환자나 폐 이식이 필요한 중증 피해자는 의료비용이 엄청날 뿐 아니라 설혹 폐 이식을 성공적으로 받았다 하더라도 계속되는 건강 관리와 일상생활의 고통 등으로 평생 비정상적 삶을 살아가야 한다. 살아가는 동안 들어가야 할 비용에다 정신적 고통에 따른 배상 등을 모두 받아야 합당하다. 업체의 기만과 소비자의 무지로 엄청난 피해가 발생한다. 소비자 각자의 위험 지각이 꼭 필요하다.

▶NGO 단체를 잘 알고 있어야 필요할 때 제대로 이용할 수 있다.
가습기 살균제 검찰 수사가 본격화한 2016년 4월 말부터 서울은 물론이고 지방에서도 옥시 불매운동이 들불처럼 번졌다. 수십 개의 시민, 소비자, 환경 단체가 불매운동을 선언하고 이를 알리는 기자회견에 단체 대표가 참석했다. 하지만 뒷맛이 씁쓸한 것도 사실이다. 처음부터 적극적으로 대응했다면 문제가 일찌감치 풀렸을 것이고, 검찰 수사도 빨라졌을 것이라는 생각 때문이다. 기자회견장에 외신기자까지 나오며 가습기 살균제 사건이 언론의 관심을 끌자 그동안 잘 보이지 않던 시민사회 단체도 몰려들었다.

사건 초기인 2011년 하반기와 2012년 초 잠시 '반짝' 일부 환경, 소비자, 시민 단체가 가해 기업을 소비자원과 공정거래위원회에 고발하거나 몇 차례 살균제 피해 배상을 촉구하는 시위에 동참한 적은 있었다. 하지만 거기까지였다. 사건이 일부 언론에서만 다뤄지고 신문 지면과 방송 화면에서 사실상 사라지자 시민사회 단체도 피해자의 투쟁 현장에서 보기 어려웠다.

소비자 피해를 외면하는 소비자 단체는 존재 이유가 없다. 환경 피해자를 외면하는 환경운동은 의미가 없다. 시민의 고통과 함께하지 않는 시민 단체에게는 시민 단체란 말이 부끄럽다. 가습기 살균제 사건은 과연 우리 사회에서 시민사회 활동이 제구실을 하고 있는지 되돌아보는 계기가 되었다. 환경보건시민센터는 우리나라에서 유일하다고 볼 수 있는 환경보건 전문 단체다. 그동안 석면, 시멘트 공장 주위의 주민 진폐증 문제, 미세먼지 관련 활동의 경험, 관련 전문가들의 네트워크를 바탕으로 일찍부터 가습기 살균제 피해자 문제 해결에 매달려왔다. 일각에서는 환경보건시민센터가 나름의 전문성과 지속적인 가습기 살균제 이슈 제기는 인정하지만, 여러 단체와 정보를 공유하고 전략을 짜면서 적극적인 방안을 모색했다면 해결의 길이 더 빨리 열렸을 가능성이 있었다는 아쉬움을 보였다.

정부는 한국소비자원이라는 기관을 운영하고 있지만 이러한 문제에 효과적으로 대응하지 못한 것 또한 사실이다. 정부기관 외에 민간 단체가 필요한 이유다.

▶정부기관, 민간단체, 언론 등 다양한 채널에 위험을 알려야 한다.

우리나라는 2000년대 초반부터 간간이 기존 폐렴이나 간질성 폐렴과는 증상과 경과가 전혀 다른 중증 폐질환을 앓는 어린이가 대형 병원을 찾았고, 2006년부터는 거의 해마다 2~6월에 10여 명 내지 수십 명이 병원을 찾았는데도 바이러스 감염병만 의심한 채 2011년이 될 때까지 보건소나 질병관리본부에 정식 역학조사 신청을 하지 않았다. 원인 규명 골든타임을 놓치는 바람에 2006~2011년 많은 사람이 숨지고 심각한 건강 피해를 입었다.

가습기 살균제 피해자의 증언을 들어보면, 여러 명이 살균제가 원인이 아닐까 의심된다며 쓰다 남은 살균제 통까지 주치의에게 가져다주었으나 아무런 조치가 없었으며 관심을 기울이지 않았다고 증언했다. 이 사건을 계기로 우리나라 의사들이 치료뿐만 아니라 질병의 원인에도 넓은 시야로 관심을 가지고, 특이한 환자는 방역 당국에 신속히 신고하는 자세를 지녀야 한다.[51]

[미디어 입장에서의 위험 커뮤니케이션]

먼저 안전을 이해하기 위해서는 위험이 과연 무엇인지 생각해봐야 한다. 가장 합리적인 선에서 위험을 수용하거나, 비용과 편익분석 등을 통해 사회가 수용 가능한 선에서 위험을 받아들이는 수밖에 없다. 하지만 이러한 절차는 위험에 대한 사회적 감시가 정착되고, 사회 구성원 간의 기본 신뢰가 바탕이 된 합리적 의사소통 과정을 거칠 때야 비로소 수용 가능하다. 따라서 안전 사회를 만들기 위한 미디어의 역할이 중요하다.

▶가장 보수적 시각으로 위험을 감시하라.

안전 사회를 위해서는 위험에 사회적인 감시 장치가 먼저 작동해야 한다. 위험은 자율적으로 관리가 되며, 안전을 위해서는 사회 구성원이 자기 욕심을 채우지 않을 것이라는 환상을 버려야 한다. 사람의 실수, 전문가의 편견, 조직 이기주의, 이윤 추구, 무지 등으로 위험을 완벽하게 관리하기는 불가능하다. 1970년대 포드사는 신차로 개발한 핀토스가 후미 추돌 사고를 일으키면 연료탱크가 폭발할 수 있다는 사실을 사전에 알고도 출시를 강행했다. 조립 공정을 개조하는 일보다 소송 합의금을 지급하는 것이 회사로서는 '이익'이라는 자체 판단 때문이었다. 이후 핀토스는 사람을 다치게 할 수도 있는 상태로 8년이나 시판됐고, 그로 인해 많은 사람이 불구가 되거나 사망했다.

이윤 창출을 목표로 하는 사회에서 위험은 빈번히 무시된다. 사람은 자신의 이익을 추구하는 동물이다. 선의에 호소하거나 자율적으로 안전을 우선에 두는 조직은 많지 않다. 비용과 편익 분석은 조직 논리에 따라 유리하게 활용될 뿐이다.

언론의 우선적인 역할은 이러한 조직의 작동 원리를 정확하게 이해하고 감시의 눈길을 거두지 않는 것이다. 사고 징후가 보이면 의심의 눈길로 파고드는 악착스러움을 가져야 한다. 정상적으로 작동하는 조직에도 문제점은 있다는 것을 파악해야 한다. 완벽한 안전 신화를 자랑했던 후쿠시마 원자력 발전소도 쓰나미의 위력 앞에서 맥없이 무너졌다.

위험에 관한 한 언론은 언제나 가장 보수적인 시각을 지녀야 한다. '확실한 안전'은 있을 수 없다. 모두가 완벽한 안전을 이야기할 때 발생 가능한 위험에 의문을 품고, 위험 발생 가능성을 진단하는 것이 언론의 자세다. 사람이 실수할 가능성도 무시할 수 없는 요소다. 많은 재앙이 사람의 실수, 판단 착오, 훈련 부족에서 비롯된다. 안전한 시스템만으로는 그것을 움직이는 사람을 보완할 수 없다.

▶언론의 가장 큰 문제점인 선정성과 침묵을 극복해야 한다.

위험 담론에서 한 가지 확실한 것이 있다면 위험은 불확실하다는 점이다. 아무도 위험에 정확한 판단을 내릴 수 없다. 위험에의 판단은 한 가지 고려 요인이나 전문가 한 사람에 의해 내려질 수 없다. 위험을 '어느 정도 선에서 수용할 것인가'를 결정하는 안전 공론장을 마련하는 것이 무엇보다 중요하다. 미국에서는 암 발생 위험성으로 수돗물 염소 처리가 오랫동안 논란거리였다. 암을 우려한 페루 정부가 수돗물의 염소 처리 농도를 완화한 적이 있었는데, 살균력이 떨어진 수돗물로

콜레라가 창궐해 수많은 사람이 사망했다.

언론은 위험에 대한 사회적 담론을 풍부하게 이끌어내고, 다양한 전문가와 이해당사자가 참여해 위험 수용의 합의를 이룰 수 있도록 유도하는 기능을 해야 한다. 해결 방안에 침묵하는 기사에는 몇 가지 특징이 있다. 과학자가 합의하는 의견을 일부의 반대 의견과 공평하게 다루거나, 과학자와 일반인을 대립 관계로 다루거나, 일반인의 위험 인식을 무시하거나, 갈등과 증상에만 관심을 가지면서 해결책과 무관하게 위험을 확대 재생산하는 태도 등을 보인다. 이러한 태도는 안전에 대한 공론장을 형성해야 하는 언론의 의무를 저버린 것이다.

▶냄비 성향을 극복해야 한다.

냄비 성향은 어떤 사안에 사회적으로 극단적 쏠림 현상이 나타나지만, 그에 반해 관심을 지속하는 정도가 상대적으로 짧은 경우로 정의된다. 우리가 반복해서 겪는 유사한 안전사고는 언론의 냄비 성향도 한몫했다. 위험에 대한 사회적 감시와 안전 공론장의 형성은 냄비 성향을 극복할 때 가능하다. 피상적인 정보 탐색이 아니라 체계적인 정보 처리를 통해 조금씩이라도 위험의 소지를 줄여갈 수 있도록 사회 체계를 정비하는 일을 이제부터라도 언론이 담당해야 한다.

▶전문가 맹신은 위험하다.

전문가도 경제적 이익, 편견, 정치적 이데올로기에 따라 움직일 때가 많다. 1990년대 광우병으로 수많은 사람이 죽어가는 동안에도 영국 정부의 보건 전문가는 과학적인 증거를 들며 사실을 철저히 무시했다. 오히려 '소고기가 안전하다'는 홍보에 적극적으로 참여했다.

전문가라 해서 모든 것을 알기도 어려울 뿐 아니라 그들도 사람인지라 주관이 개입될 수밖에 없다. 가습기 살균제의 독성 검사를 담당했던 전문가처럼 스폰서와 결탁한 경우는 두말할 나위도 없다. 언론은 이러한 무지, 편견, 오만을 고려해서 위험을 항상 다양한 시각에서 비교하면서 객관적으로 바라보려 노력해야 한다.[52]

6

위험 커뮤니케이션 전략

위험은 사회적 성격이 크다. 원자력 관련 시설의 입지를 반대하는 주민에게는 '과연 얼마나 위험한가?'(기술적 문제)보다 '정부와 기업을 믿을 수 있는가?'(신뢰의 문제), '내가 가진 재산의 가치가 떨어지지 않을까?'(경제적 문제), '왜 하필 내가 위험 부담을 져야 하나?'(형평성의 문제) 등 사회적 문제가 관심의 초점이 된다. 이는 왜 위험의 사회적 측면과 위험 커뮤니케이션을 중시해야 하는지의 이유라 할 수 있다.

위험 커뮤니케이션은 단순히 위험 관련 정보를 주고받는 차원이 아니라 울리히 벡이 제시한 〈위험사회〉의 본질 중 하나인 '안전'과 '위험'의 충돌을 완화시키는 것이다. 또한 이해관계자의 갈등을 최소화하는 것을 목표로 하는 것이다.[53]

지식 세계의 발달과 비자발적 위험이 증가하면서 사람들은 위험을 더 많이 인식하게 됐다. 매체media에 의해 위험 담론이 예전보다 더욱 많아지고 다양해졌으며, 여러 곳에서 확대되고 재생산되며 반복되고 있다. 또한 과학에의 신뢰성 상실 역시 위험 인식을 강화시켰다. 근대 과학의 가장 큰 오류는 위험의 판단 오류라기보다 전문가 오만에 따른 커뮤니케이션 부재에 있다. 이처럼 지식 세계의 발달과 비자발적 위험의 증가, 매체에 의한 위험 담론의 확대, 그리고 과학기술에 대한 전문가의 커뮤니케이션 부재와 왜곡이 위험 인식을 더욱 증대시키고 있다.

소통과 인문학이 필요한 이유

사고가 났을 때 언론은 최대한 빠르게 결과를 보도하려 하지만 과학자는 최대한 신중하게 자료를 모으려 한다. 이 과정에서 갈등이 생기는데 양쪽이 서로 합의할 수 있는 방법을 찾아야 한다. 위험 커뮤니케이션에서 논의의 속도는 매우 중요하다. 과학자가 정보를 숨기고 있다는 불신과 오해 때문이다. 어떤 요소가 사람들이 과학자를 믿지 못하게 하는지 밝히면 해결에 도움이 된다

대중의 입장에서 원자력은 미지의 파국적인 위험을 대표한다. 따라서 그 편익은 매우 작고, 사고로 인한 피해는 받아들일 수 없을 정도로 큰 것으로 인식한다. 슬로빅은 "대중의 걱정은 정당한 것이지만 전문가는 이를 빠뜨리고 위험을 평가한다. 그 결과 위험

커뮤니케이션과 위험 관리 노력이 쌍방향으로 이뤄지지 않는 한 실패하게 마련"이라고 말했다. 대중과 전문가는 서로 기여할 몫이 있으며 각기 상대의 통찰력과 지성을 존중해야 한다는 것이 그의 조언이다.

우리 사회에서 국내 원전의 안전성 의구심과 일본발 방사능 물질에 두려움이 점점 커지고 있다. 하지만 당국을 포함한 전문가 집단은 귀를 기울이기보다 해명과 설득에만 열을 올린다. 시민을 계몽해야 할 대상으로만 여기는 탓은 아닐까.

과학 기반의 위기 뉴스가 지향해야 할 바는 사람들의 자연스러운 불안을 패닉으로 증폭시켜 담론 장사에 이용해 먹는 것이 아니라, 불안을 인지상정으로 간주하되 제도 장치와 개별 안전 습관을 키워 나가도록 하는 것이다. 송해룡 성균관대 신문방송학과 교수는 "과학자는 괜찮다고 말해도 일반인이 부정적 인식을 가지고 있다면 정책을 결정할 때 이 부분을 충분히 고려해야 지속가능한 사회 건설이 가능하다"고 말했다.

21세기의 사회 문제의 대부분은 과학기술과 복합적으로 얽혀 있다. 수년 동안 사회 전체에 큰 파장을 불러일으켰던 광우병 사태 등은 단지 과학 차원의 문제라기보다 사회 구성원과의 의사소통 부재로 야기된 사회 문제이기도 하다. 따라서 과학기술과 사회 제도 및 인간 공동체 간의 이해와 소통의 필요성이 높아지고 있다. 효과적인 위험 소통에서 가장 중요한 요소는 위험 인식이다. 따라서 위험 인식의 특성을 바탕으로 위험 소통이 이루어져야 한다.

소통은 위험 관리의 전부나 다름없다. 위험 소통에서 가장 중요한 요소는 신뢰다. 신뢰받는 집단이나 정부가 공중과 효과적으로 위험 소통을 하면 전문가와 공중 간의 위험 인식 격차를 크게 줄일 수 있다. 하지만 효과적으로 위험 소통을 하지 못하면 전문가, 전문가와 2인 3각을 한 정부와 공중은 영원히 만날 수 없는 평행선을 달리게 될 것이다. 루만의 말처럼 위험은 현대 사회에서 피할 수 없기 때문이다.

현대인의 올바른 자세는 위험을 현명하게 받아들이는 것이다. 이는 곧 위험 소통을 효과적으로 잘해야 한다는 것을 뜻한다. 위험 사회에서 가장 신경을 써야 할 두 단어는 신뢰와 분노다. 두 단어는 서로 연계되어 있다. 분노는 신뢰하지 않는 사람이나 기관, 조직에서 드러낸다. 신뢰하는 사람에게 분노를 느끼지는 않는다. 이 때문에 위험이나 위기를 관리하는 사람과 기관, 그리고 위험 발생과 증폭으로 위기를 맞은 조직, 기업, 정부는 이해관계자와 공중이 분노하지 않도록 온 힘을 기울여야 한다.

피터 샌드만*Peter Sandman*은 'Risk=Hazard+Outrage'라고 정의했다.

> 위해는 어떤 행위의 위험성을 의미하고, 분노는 어떤 위험 행위가 가져오는 감정적 대응을 뜻한다. 전문가의 과학적인 선호 경향은 위해의 정도를 의미하지만, 비전문가가 표현하는 선호 경향은 분노의 정도와 일맥상통하는 면이 있다.

공중은 위험과 관련해 일단 분노하면 위험을 관리하거나 위험
소통을 하려는 사람이 아무리 합리적이고 과학적인 주장을 해도
귀를 굳게 닫는다. 상대가 하는 말은 소귀에 경 읽기에 지나지 않
고, 콩으로 메주를 쑨다고 해도 믿지 않는다. 확률은 아무 의미가
없다. 위험 커뮤니케이션의 위해 발생에서 위험의 영향과 평가가
발신자에서 수신자에 이르는 단계는 아래와 같다.[54]

[위험 커뮤니케이션 흐름도]

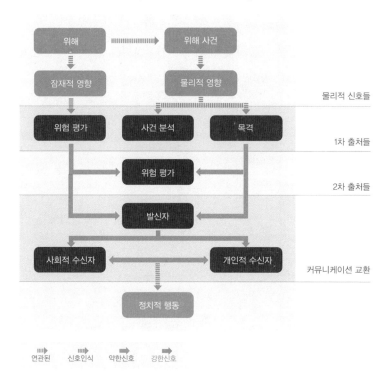

위험 커뮤니케이션의
전략적 전개

위험 커뮤니케이션의 목적에는 정보 공개, 정보 전달, 정보 수집과 의견 청취, 참가와 상호 이해 촉진, 정책 합의와 파트너십 구축, 정보원의 사회적 책임 등이 있다. 위험 커뮤니케이션은 이러한 목적에 따라 체계적으로 전개되어야 한다.

[위험 커뮤니케이션의 목표와 전략적 전개]

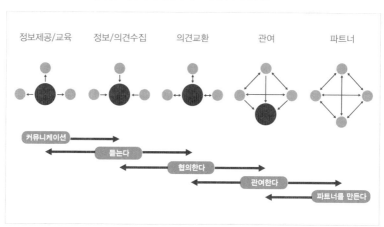

(자료: 캐나다 보건성)

▶정보 공개

상품과 관련된 생산자, 소비자, 유통업자, 미디어 관계자 등 이해관계자의 폭이 넓고 개인에 따라 필요한 정보와 알고 있는 지식이 다르기에 기대 및 요구를 파악해 정보 공개의 수준을 결정할 필요가 있다. 정보 공개에 주로 이용되는 커뮤니케이션 수단은 홈페이지 등이 있는데, 일반인도 콘텐츠에 쉽게 접근하고 이해할 수 있도록 내용과 형식이 간결해야 한다.

[미국 식품 안전 정보 제공 사이트]

자료: www.foodsafety.gov

▶정보 전달

정보 전달은 TV, 라디오, 신문, 잡지, 인터넷 등 다양한 수단을 통해 이루어질 수 있다. 효과적인 정보 전달을 위해서는 매체별로 제공되는 정보를 어느 계층이 이용하고 있는지를 조사함으로써 매체의 장점을 살리고 효과를 높여야 한다. 아이를 키우는 주부에게 정보를 전달하고 싶으면 유아 잡지에 광고하고, 소아과병원에 포스터를 붙이거나 팸플릿을 비치하는 등 세심하게 준비할 필요가 있다. 또한 웹사이트를 이용하면 보다 효율적이고 광범위한 정보 확산이 가능하다.

▶정보 수집과 의견 청취

특정 이슈는 논란이 일기 쉬워 사전에 상호 협의가 필요하다. 정보의 수집과 교환을 위해서는 의사소통 회의, 설명회, 공개 토론회 등을 개최하거나 설문조사 등을 실시할 수 있다. 또한 상담 전화나 이메일을 통해서도 질문에 대응하거나 의견을 수집할 수 있다.

▶참가와 상호 이해 촉진

특정 문제의 해결을 위해서는 국민의 불안감 해소와 신뢰 회복을 위한 합의가 바탕이 되어야 한다. 이를 위해서는 시민 패널을 이용한 합의 형성을 도모할 수 있다. 다양한 의견 수렴 방법을 참고로 의견 수렴 시기, 정리 방법, 제출된 의견의 공개 방법, 심의 과정 등에 가이드라인도 정해야 한다. 시민 패널은 비전문가를 중심으로 선정하고 합의에 성공할 수 있도록 전문가의 지원이 있어야 하며, 공개 장소에서 의사소통이 조직적으로 이루어지도록 해야 한다.

▶정책 합의와 파트너십 구축

파트너십 구축을 위해서는 각종 협의회와 워크숍 등에서 상호 대면을 통한 의견 조율이 필요하다. 위험에는 소비자와 생산자, 유통업자 사이의 이해 대립이 있기 때문에 그룹 간의 조정을 전문으로 하는 조정자의 역할이 중요하다. 따라서 각종 협의회와 워크숍에서는 조정자를 활용해야 한다.

▶정보원의 사회적 책임

커뮤니케이션은 정확한 정보를 제공해주는 '정보원'과 정보를 전달해주는 '중개자', 그리고 정보를 수용하는 '사회'로 구성된다. 효율적인 위험 커뮤니케이션이 이루어지기 위해서는 정보원-중개자-사회 사이의 신뢰가 무엇보다 중요하다. 한국 사회에서 정보원은 전문성과 공정성 모두에서 충분한 신뢰를 확보하지 못하고, 중개자는 정확한 정보보다 선정적 보도 관행에서 헤어나지 못하고, 사회도 합리적인 문제 파악이나 합의에 익숙하지 못한 것이 사실이다.

특히 정보원 역할을 하는 정부나 전문가의 '권위'가 중요하다. 물론 그런 권위는 법률을 바탕으로 하는 제도적 장치에서 비롯된다. 그러나 주어진 책임을 철저하게 수행할 수 있는 전문성과 책임감을 가지고 있다는 사회적 인식도 중요하다. 문제 발생 시 신속한 대응으로 신뢰를 주고, 사회가 공감할 수 있는 정보를 일관되게 제공해준다는 확신을 심어주어야 한다.[55]

위험 커뮤니케이션의 단계별 로드맵은 아래와 같다.

[GMO 리스크 커뮤니케이션 활성화를 위한 단계별 로드맵]

	1단계	2단계	3단계	4단계	5단계
기본 방향 수립	– 위기 상황 진단 – 내부 역량 진단	– 기본 방향 검토			
내부 역량 강화를 통한 성과 확산	– 내부인 인식 수준 검토	– 내부인 커뮤니케이션 실시	―――――――>	– 내부인 인적 네트워크를 통한 성과 확산	
기관 내외부적 지원 체계 마련	– 농식품부 및 관련 기관간 지원 체계 마련 검토	– 농식품부 리스크 커뮤니케이션 전담팀 구성	– 관련 기관간 협의체 구성	– 범정부적 지원체계 마련 검토	– 범정부적 협의체 구성 – 외부 리스크 커뮤니케이션 전담 조직 마련
효과적인 RC을 위한 기반 마련	– 세부 실행 방안 검토	– 우선 실행 순위 마련	– 기초 자료 발간 및 배포 – 모니터링 기능 강화 – 인터넷 활용 방안 수립	– 교육 및 홍보 프로그램 개발	
통합 정보 시스템 구축	– 관련 기관 정보 제공 시스템 진단	―――――――>	– 관련 시스템간 연결 체계 구축 (link)	– 종합 포탈 구축	
대면 RC 정착	– 관련기관의 역할 정립	– 세부 실천 계획 마련	– 대면 커뮤니케이션 프로그램 개발	– 대면 커뮤니케이션 시행	

4장

우리는 어떻게 위험에 대응해야 하는가?

1

위험사회의 성찰

노벨상은 스웨덴의 화학자이자 기업가 알프레드 노벨*Alfred Novel*이 남긴 유언에 따라 만들어졌다. 그는 다이너마이트의 발명가다. 다이너마이트는 도로 건설, 무너진 탄광 뚫기 등 인류에게 많은 유익을 주었지만, 이것이 없었다면 전쟁 희생자도 줄었을 것이다.

1866년 노벨이 최초로 발명한 다이너마이트는 사실 산업용으로 발명되었다. 그러나 인간은 이를 전쟁용으로 사용했다. 노벨 역시 형제 중 한 명을 니트로글리세린 폭발로 잃었기에 안정성에 더욱 신경을 썼다. 잘 알려진 것처럼 그는 자신의 발명을 후회했다. 명성도 얻고 부자도 되어 매우 행복했을 것 같지만 자신이 만든 다이너마이트가 전쟁에 쓰이는 실상을 보고 절망했다. 노벨은 다이너마이트가 인간을 위해 사용되기를 바랐기 때문이다.

그는 생전에 몇 번의 유언을 남겼는데, 마지막 유언은 죽기 바로 전 해인 1895년 11월 27일 파리에 있는 스웨덴인-노르웨이인 클럽에서 작성되었다. 다이너마이트의 군사적 사용이 증가하자 그는 심기가 불편했는데, 형 루드비히 노벨이 죽었을 때 프랑스의 한 신문사가 실수로 알프레드 노벨의 부고 기사를 실었다. 그런데 잘못된 부고 기사에서 노벨을 '죽음의 상인'으로 묘사했던 것이다. 이것이 그가 노벨상을 만든 동기가 되었다.

노벨상은 1901년부터 수여됐다. 젊은 시절의 노벨은 다이너마이트를 발명했을 뿐 아니라 1894년부터 사망할 때까지 보포르스 Bofors라는 철강과 대포를 제조하는 회사(지금도 대포를 제조하는 국제적 회사)를 소유했다. 그는 일생 355종의 특허를 가진 화학자이자 발명가, 사업가였다. 그는 자신이 만든 다이너마이트를 크게 걱정했고 전 재산을 쏟아 부어 노벨상을 제정했다. 근대화의 성찰을 통해 이익을 사회로 환원함으로써 명예를 지킨 것이다.[56]

록펠러재단의
자선사업

석유왕 존 데이비슨 록펠러 1세John Davison Rockefeller는 가난한 가정에서 태어나 정유공장에서 일하다가 스탠더드오일을 창업해 거부가 되었다. 사실 록펠러 1세는 엇갈린 평가를 받는 인물이다. 근검절약과 자립을 몸소 실천했다는 찬사와 경쟁업체 협박과 정치권 매수를 통해 거대 독과점 기업을 구축한 사업가라는 비판적 평가가 동시에 있기 때문이다.

록펠러는 1881년 미국에서 생산되는 석유의 95%를 독점함으로써 정유업을 장악했다. 문어발식 확장, 중소기업 기술 빼앗기, 주가 조작 등 오늘날 일부 한국 재벌에 쏟아지는 비판은 고스란히 그의 몫이었다. 심지어 시어도어 루스벨트 대통령이 "그 부를 가지고 얼마나 많은 선행을 베풀었든 부를 쌓으며 저지른 악행을 보상할 수는 없다"고 말했을 정도였다.

록펠러는 살인적인 노동력 착취와 저임금으로도 악명이 높았다. 전미 광산노조가 주도한 쟁의에 민병대를 투입해 40여 명을 숨지게 한 1913년의 '러드로 학살'은 지금도 록펠러 집안의 오점으로 남아 있다. 하지만 그는 인생 후반부에 완벽히 환골탈태했다.

세계 최대 갑부였던 록펠러는 55세에 알로페시아라는 불치병에 걸리면서 전환기를 맞았다. 음식을 전혀 소화하지 못했고, 눈썹과 머리카락이 빠지기 시작했고 1년 이상 살지 못한다는 사형선고까지 받았다. 마지막 검진을 받기 위해 간 병원 로비의 액자의 글에서 그는 깨달았다. '주는 자가 받는 자보다 복이 있다.' 그때부터 그는 나누는 삶을 실천했고 기적적으로 병도 나았다. 실제로 록펠러가 사망한 것은 시한부 생명을 선고받은 후 무려 40여 년이 지난 뒤였다.

1911년 스탠더드오일트러스트는 반反트러스트법 위반으로 정부로부터 해산 명령을 받으면서 자선사업을 본격화했다. 그는 1890~1892년 시카고 대학 설립을 위해 6,000만 달러를 기부했고,

은퇴 후 사회사업에 총 3억 5,000만 달러를 기부했다. 1913년에는 인류 복지 증진 목적으로 록펠러재단을 세웠는데, 재단은 기아 근절, 인구 문제 해결, 대학 발전, 미국의 기회 균등과 문화 발전, 아시아와 아프리카 개발도상국 원조를 비롯한 다양한 활동을 펼쳤다.

록펠러재단은 지금까지 20억 달러를 전 세계에 기부했다. 록펠러에게는 자선도 하나의 사업이었던 것이다. 효율적인 기부 방식을 끊임없이 고민했고, 직접적인 지원보다 스스로 일어설 수 있는 기회를 제공하는 방식을 택했다. 록펠러재단은 아프리카에 음식물을 직접 공급하는 형식이 아니라, 생산량이 많은 종자와 토지를 비옥하게 하는 비료 제공 방식에 초점을 맞추었다. 록펠러의 선행은 이후 여러 인물에게 영향을 미쳐 헨리 포드를 포함해 빌 게이츠, 워렌 버핏 등의 거액 기부로 이어졌다.

그의 외아들 록펠러 2세는 철저한 금욕주의자였다. 대학 2학년 때까지 춤이 도덕적인지 심각하게 고민했고, 40대까지 아버지에게서 용돈을 받아썼다. 그는 아버지의 위대함을 종교적 사명감으로 드러내는 데 평생을 바쳤다. 그는 아버지를 설득해 자선사업, 의료사업, 교육사업, 문화사업 등에 5억 달러를 출연했는데, 이는 그가 물려받은 재산과 같은 규모였다. 록펠러 2세는 외부 비난을 자선사업으로 씻어내려 했다. 시카고 대학 설립과 록펠러 의료재단, 록펠러연구소 등을 설립해 적극적으로 부를 사회에 환원했다. 록펠러 2세의 자산은 65억 달러였고, 평생 5억 3,700만 달러를 기부했다.

노블레스 오블리주는 프랑스어로 "귀족성은 의무를 갖는다"를 의미한다. 보통 부와 권력, 명성은 사회적 책임과 함께해야 한다는 뜻으로 쓰인다. 즉 노블레스 오블리주는 사회 지도층에게 사회적 책임과 국민의 의무를 모범적으로 실천하는 높은 도덕성을 요구하는 단어다. 하지만 실제 이 단어는 국민의 의무를 실천하지 않는 사회 지도층의 태도를 비판하는 부정적 의미로 더 많이 쓰인다. 오너리스크로 시끄러운 한국에서도 국민 정서에 호응받을 수 있는 한국적 노블레스 오블리주 구현이 절실하다.

정부도 적십자도 없는 곳에 월마트가 있었다

　　　　　　　세월호 침몰 후 드러난 정부의 무능한 대응은 2005년 8월 허리케인 카트리나 직후 미국 정부의 모습과 너무도 닮았다. 1,800여 명의 목숨을 앗아간 카트리나 재해 당시 신속하게 구호품을 피해 지역 주민에게 나누어주며 고귀한 생명을 구하는 데 앞장섰던 조직은 정부가 아닌 대형 체인점 월마트였다. 하지만 카트리나 이후 미국 정부가 재난 대비 및 대응책을 세우는 과정은 한국 정부가 면밀한 조사 과정을 생략한 채 국정 최고책임자의 선언적 대응책 제시와는 비교된다.

　　당시 정부 리더십 부재와 시스템 실패와는 대조적으로 월마트의 대응은 성공적이라는 평가를 받았다. 월마트는 연방재난관리청 Federal Emergency Management Agency: FEMA보다 먼저 뉴올리언스 피해 지역에 도

착해 이재민에게 구호품을 전달했고, 신속하게 영업을 재개했으며, 3주에 걸쳐 트럭 2,500대 분의 물과 비상식량, 의약품, 화장지 등 구호품을 나누어주었다. 이 지역에서 지속적으로 허리케인을 겪었기 때문에 이미 사태의 심각성을 인식하고 있던 월마트는 카트리나가 뉴올리언스에 상륙하기 며칠 전부터 상황실을 운영하면서 대비하고 있었다. 핵심은 의사소통이었다. 중앙 고위관리자와 지역, 지구, 매장 관리자로 연결되는 신속한 의사소통 구조를 갖추었고, 허리케인이 다가오자 곧 준비된 행동 규정에 따라 움직였던 것이다.

핵심 피해 지역 외곽에 구호품 및 물류 집결지를 정하고, 피해 지역 매장 관리자가 매장 및 지역 상황을 비상연락망을 통해 중앙 상황실에 신속하게 전달했다. 월마트는 지역별 재난 피해의 정도를 파악하고, 집결지에서 피해 지역으로 전달해야 할 구호품 종류 및 수량을 결정했다. 또한 회사의 중앙본부는 지역 매장 관리자에게 재량권을 부여해, 현지 상황을 파악한 후 필요한 구호품을 빠르게 이재민에게 나눠주도록 했다. 파손된 매장을 제외한 일부 매장은 치안 유지를 위한 경찰본부로 사용할 수 있도록 했고, 이재민 피난처로도 이용할 수 있게 했다.

현지 언론은 월마트 최고경영자 리 스캇Lee Scott이 트럭 운송회사 배차원 출신인데다 월마트에서도 오랫동안 상품 운송부서에서 일한 적이 있다며, 그의 현장 경험이 크게 발휘됐다고 전했다. 월마트는 뉴올리언스 등에 300만 달러어치의 구호품을 전달했고,

1,700만 달러의 성금을 내놓았다. 월마트 창업주 가족이 만든 월터 패밀리재단에서도 1,500만 달러를 구호단체에 기탁했다.

월마트는 미국에서만 130여만 명을 고용하고, 한 해 80억 달러의 순이익을 내는 초대형 기업이다. 그러나 이 회사의 상징이기도 한 '언제나 싼 값으로'라는 저가 공급 원칙은 저임금과 부실한 사내 복지를 담보로 한 것이라는 비난을 받는다. 시민운동 단체는 월마트의 운영 형태에 줄곧 문제를 제기해왔으나 카트리나 사태에서 보여준 신속한 구호 활동에 박수를 보냈다. 대신 시민 단체는 '착한 행위'가 밖으로만 향하지 말고, 회사 내 직원에게도 베풀어져야 한다고 지적했다.

이 같은 다양한 긴급 상황 대응은 연방정부의 엄격한 관료 구조의 대응 방식과 비교되었다. 몇 가지 주목할 점은 ①통신 수단을 확보하여 의사소통을 원활하게 했고, ②중앙과 지역이 각각 역할 분담을 철저히 수행했으며, ③지역의 정보와 지식을 잘 활용했고, ④영업 활동에서 축적한 수많은 데이터로 긴급 상황에서 필요한 물품이 무엇인지 이미 잘 알고 있었고, ⑤위에서 아래까지 리더십을 잃지 않았다는 것이다.[57]

위험의 수용 범위

사람들은 위험을 수용할 때 큰 이익이 따르면 기꺼이 위험을 용인하며 자발적으로 수용한다. 위험과 이득이 정적 상관관계에 있다는 것을 보여준다. 반면 사람의 마음에서는 어떤 위험과 이득을 평가할 때 부정적 상관관계가 나타난다. 이는 긍정적 감정과 부정적 감정이 각각 위험 지각과 의사결정에 영향을 미친다는 것을 의미한다.

1994년 슬로빅 등이 미국에서 조사한 연구 결과, 남성은 여성보다 25개 항목에서 위험을 적게 지각했다. 그러나 백인 외의 인종에서는 남성과 여성 간에 큰 차이를 보이지 않았다. 백인 남성은 연령, 수입, 교육을 고려했을 경우조차도 다른 인종보다 위험 지각에서 크게 달랐다. 백인 남성이 다른 인종보다 위험을 덜 지각하는 이유는 위험한 활동에서 창조하고 제어하고 관리하며, 이익을 얻는 데 많이 기여하기 때문이다.

1969년 미국의 사회학자 폴 스타Paul Starr 교수는 논문 〈사회적 이익과 과학기술 위험〉에서 '얼마나 안전해야 충분히 안전한가?'라는 질문에 답하기 위한 여러 가정을 연구해 관심을 불러일으켰다. 스타 교수는 수용할 만한 위험에서 다음의 법칙을 제시했다.

- 위험 수용은 대략 이익의 3승에 비례한다.
- 사람들은 같은 수준의 이익을 제시할 경우 비자발적 활동(음식방부제 등)의 위험보다 자발적 활동(스키 타기, 수영하기 등)의 위험을 천 배나 많이 기꺼이 수용한다.
- 위험 수용 수준은 위험에 노출된 사람의 수와 반비례 관계에 있다.
- 자발적으로 수용되는 재해의 인내 수준은 질병에서 오는 위험 인내 수준과 비슷하다.

위험을 수용하려면 큰 이익이 수반되어 하고, 적은 이익을 갖기 위해 위험을 받아들일 사람은 많지 않다. 경주 방폐장 선정에 있어 주민에게 5조 원의 지원금은 수용에 큰 동기를 부여했다. 이는 비자발적 수용일 경우 이익이 충분히 제시돼야 함을 뜻한다.

지각된 이익과
위험 수용

　　　　　　사람들의 행동은 일종의 자극에 의한 반응으로, 외부에서 주어진 동일한 자극이 어떻게 인지되느냐에 따라 각기 다르게 나타난다. 사람들의 위험 수용이나 회피 행동 또한 위험이라는 특정 자극의 반응으로 나타난다. 위험의 대응 행동으로써 위험 수용과 회피가 일어나는 것이다. 특정 위험을 피하는 데에 필요하거나 지각된 이익이 크고 위험을 통제할 수 있다고 생각할 때 사람들은 위험을 수용한다. 그러나 사회적 이익이 크지 않고 위험 또한 잘 알려지지 않아서 통제할 수 없다고 판단될 때는 위험을 회피한다.

　슬로빅 등은 자극과 관련된 감정이 판단과 의사결정에 미치는 영향을 설명하기 위해 감정추단 개념을 도입했다. 이 개념은 위험물이나 위험 활동에 긍정적 감정과 부정적 감정이 위험 지각과 의사결정에 영향을 미친다고 설명한다. 즉 사람의 마음에 저장된 대상이나 사건의 표상에 감정 꼬리표가 부착되어 있어, 어떤 판단과 결정을 내릴 때 의식적으로나 무의식적으로 그 꼬리표로 구성된 감정풀affective pool을 참조한다는 것이다. 감정추단법은 사람들이 위험물의 위험과 이득을 평가할 때 그와 연합된 긍정적 느낌과 부정적 느낌의 풀에 접속해 판단한다는 가설이다.

　감정추단법이 작용해 위험 지각과 의사결정에 영향을 미친 대표적 예는 방폐장 입지 선정이다. 이나경과 이영애의 연구에 따르면, A후보 지역주민의 75%는 '환경 오염, 지역 갈등, 불안, 질병, 기형아, 폭발 및 누출 사고' 등의 부정적 심상을 가졌다. 그럼에도 2005년 11월 2일 주민투표에서 경주시가 중저준위 방폐장 부지로 선정된 것은 시사하는 바가 크다.

위험과 이득은 질적으로 다른 개념이지만, 실상에서는 위험과 이득 사이에 정적 상관이 발견된다. 위험한 기술을 사용하는 것은 그 기술을 통해 얻을 수 있는 이득이 크기 때문이고, 이득이 적은 기술은 사용에 따른 위험도 적다. 그러나 이와 달리 사람의 마음은 정반대 양상이 나타난다. 지각된 위험*perceived risk*과 지각된 이득*perceived benefit* 사이에는 부정적 상관이 있다. 그 예로 백신은 질병을 예방하므로 이득이 큰 반면 위험은 적고 안전하다고 느끼지만, 살충제DDT는 독성이 강해 위험이 큰 반면 이득은 적다고 느낀다는 사실이다.

소셜 모니터링과 위험 대응

실시간으로 국민의 목소리를 청취하고 분석할 수 있는 소통의 첫 걸음은 '소셜 리스닝'이다. 소셜 리스닝 플랫폼은 소셜 모니터링과 소셜 분석 기능을 통해 정책 홍보 및 정보 전달을 넘어 국민이 원하는 바를 찾아 제공함으로써 위험을 최소화하고 위기 대응력을 강화할 수 있다

사이버 여론과 빅데이터

최근 정보기술을 선도하는 트렌드 중 하나가 빅데이터이다. '2001년은 빅데이터 시대의 원년이다', '빅데이터는 미래 경쟁력의 원천이다' 등 하루가 멀다 하고 신문 지

상에 나오는 이야기다. 다보스포럼, 가트너그룹, IDC(Internet Data Center) 등 수많은 단체와 연구소도 빅데이터 관련의 정부와 기업의 대응 전략 보고서를 쏟아낸다. 이제 모바일 인터넷과 소셜 미디어의 보급으로 경제적 자산이 되는 데이터가 실시간으로 폭증하는 빅데이터 시대가 도래한 것이다.

대중은 광우병 파동, 촛불집회, 4대강 사업, 서울시장 선거, 국회의원 선거 등 국가적 문제가 일어날 때마다 예외 없이 소셜 미디어에서 이슈가 점화되고 확산되어 공론화되는 것을 경험하고 있다. 정부는 이와 같은 상황을 의식하고 각 공공기관에 소셜 미디어를 이용한 대국민 홍보와 소통에 적극 나서기를 주문한다. 따라서 공공기관의 소셜 미디어 활용 사례도 급증하고 있다.

이런 상황에서 소통의 첫걸음은 '소셜 리스닝'이다. 실시간으로 다양한 통로에서 쏟아져 나오는 국민의 목소리를 청취하고 분석하는 것이다. 블로그, 카페, 트위터, 페이스북 등에서는 다양한 문제가 논의되어 국민적 공론을 형성한다.

소셜 미디어 확산을 스마트 혁명이라 부르는 것도 이 때문이다. 소셜 미디어는 사회 전반에 패러다임의 혁신을 야기했는데 정부와 국민, 기업과 소비자, 개인과 개인 간의 소통 방식에 근본적인 변화를 가져왔다. 소셜 미디어의 확산은 기회와 위협 요인을 갖고 있는데, 대국민 접근성을 개선할 기회인 동시에 부정확한 정보 확산 등 정보 신뢰도에는 큰 위협이다.

따라서 소셜 모니터링과 소셜 분석 기능을 수행하는 소셜 리스닝 플랫폼 도입이 필수 선결 과제다. 정부와 공공기관은 소셜 분석 플랫폼을 통해 사회 문제와 정책 여론의 변화를 실시간으로 감지해야 하며, 소셜 미디어 관리 역량도 강화해야 한다. 또한 소셜 미디어를 통한 정책 홍보 및 정보 전달에 머무는 것이 아니라, 사회 현안을 체계적으로 분석해 정부 정책에 적극적으로 반영해야 한다. 소셜 미디어에서 확산되는 국민의 목소리를 경청하고, 국민이 원하는 바를 찾아서 제공해야 위험을 최소화하고 위기 대응력을 강화할 수 있기 때문이다.[58]

아래 그림은 소셜 미디어(특히 트위터)에서의 정서가 실제 H1N1의 이슈에 미치는 영향을 보여준다. 2009년 6월 11일 WHO가 위기 단계를 6단계로 격상하자 최초로 트윗이 피크를 쳤으며, 2009년 7월 5일 해리 포터를 연기한 배우 루퍼트 그린트가 H1N1에 감염됐다는 소식이 전해지자 트윗이 폭증했다.

또 다른 연구는 감염병 위기 상황에서의 소셜 미디어의 영향력

[H1N1 위기 상황 시 대중 정서의 트윗 추이]

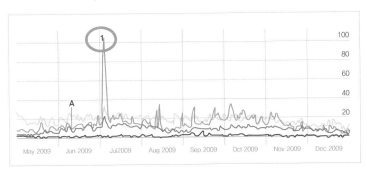

을 분석했다. 2009년 H1N1이 유행했을 때의 영국 내 트윗 데이터를 수집 분석한 결과, 온라인 정보의 경우 정보원의 신뢰도가 높은 기관(언론사, WHO, 미국질병관리본부 등)일 때 주로 인용과 확산이 나타났다. 또한 주요 언론사가 보도하는 정보는 대부분 삽시간에 트위터를 통해 확산되었다. 트위터의 정보 확산력이 전통 매체에 비해 탁월함을 보여준 것이다.[59]

소셜 분석
플랫폼 이용

2015년 전후로 국비 등 2,000여억 원을 들여 지은 부산광역시 기장군의 해수담수화 시설이 일본 후쿠시마 원전 사고의 후폭풍으로 난관에 처했다. 부산광역시 상수도사업본부는 바닷물 정수 처리로 만든 수돗물의 안전성을 강조했지만, 주민과 환경 단체, 공무원노조는 방사성 물질에서 자유로울 수 없다며 음용을 거부해 가동을 못하는 지경에 이르렀다.

해수담수화 시설은 바닷물을 먹을 수 있는 수돗물로 만드는 것이다. 정부는 2006년 미래 전략산업 10개 가운데 해수담수화 시설을 포함시켜 2008년 6월 전국 자치단체를 대상으로 시설 유치 제안서를 받았다. 그리고 2008년 12월 부산광역시를 우선협상 대상 기관으로 선정했다. 부산광역시 상수도사업본부는 2014년 12월부터 기장군 5만여 가구 가운데 정관 신도시와 철마면 지역을 제외한

3만여 가구에 바닷물로 만든 수돗물을 하루 2만 5,000톤씩 공급하기로 했다. 하지만 후쿠시마 사고의 영향으로 계속 연기됐다. 주민과 환경 단체가 거세게 반대했기 때문이다.

피알원연구소에서 소셜 여론을 분석한 결과, '자녀'와 '안전'이 언급되면 해수담수화의 감정이 부정적일 확률이 79.5%였으며, 자녀와 안전이 언급되지 않은 버즈보다 부정적일 확률이 1.06배 높아지는 것으로 나타났다. 이 여론 분석으로 시민의 부정적 시각을 확인할 수 있었고, 수돗물의 안정성을 꾸준히 홍보해야 시민의 신뢰를 회복할 수 있다는 결과도 도출됐다.

정부 사업은 이해관계에 따라 갈등 구조로 발전하여 악화되는 경우가 많다. 사전에 정확한 여론 리스닝과 국민이 원하는 바를 파악해 정책에 반영하고, 홍보 메시지로 활용하는 것이 중요하다.

[해수담수화 연관어 분석 다이어그램(피알원)]

구분	항목	언급량	%
부정원인	일본 후쿠시마	234	26.2%
	방사능	212	23.8%
	원전	446	50%
걱정요인	자녀	151	35.4%
	안전	276	64.6%
해결요인	수돗물	662	52.5%
	실험	598	47.5%
기타요인	뉴스타파	892	72.6%
	MB 4대강	336	27.4%

그 밖에 소셜 분석 플랫폼을 활용하면 다양한 효과를 거둘 수 있다. 첫째, 정책 수립에 활용하는 조사 방법의 고비용화와 제한적 채널의 비효율성을 개선할 수 있다. 둘째, 여러 사회 현안과 부처, 기관별 시너지 요소를 발굴해 정책의 유연성을 넓히고, 사회 문제에 실시간으로 대응함으로써 부정확한 주장의 확산과 부작용을 최소화할 수 있다. 무엇보다 소셜 분석 플랫폼을 도입해 정책과 행정 서비스의 투명성과 신뢰성을 개선하려는 노력이 중요하다.

2017년 2월 피알원연구소는 국내 사드THAAD 배치 문제로 소란스러울 때 한 달간 소셜 여론을 분석했다. 사드 배치는 경제, 관계 등의 연관어와 함께 거론되면 부정적일 확률이 무려 96.2%였다. 경제, 관계 등이 언급되지 않은 버즈보다 부정적일 확률이 4.25배 높았다. 이는 국민이 경제 문제나 주요국과의 우호관계가 악화되는

[사드 배치 연관어에 따른 긍/부정 신뢰 정도(피알원 넷피니언 분석 결과)]

규칙		지지도	신뢰도	향상도
{경제, 관계}	→ {부정인식}	0.1037127	0.9621326	4.2570797
{경제, 중국, 전쟁}	→ {부정인식}	0.1862447	0.9297692	3.9856817
{중국, 관계}	→ {부정인식}	0.1071211	0.8887101	3.8942881
{무용지물, 성능}	→ {부정인식}	0.2892270	0.8735832	3.8734402
{전자파, 미국, 성능}	→ {부정인식}	0.2570907	0.8584573	3.7033110
{미국, 이익, 검증}	→ {부정인식}	0.2366403	0.7886056	3.4834631
{전자파, 검증}	→ {부정인식}	0.1374315	0.6683362	2.9031869
{구매, 성능}	→ {부정인식}	0.1031649	0.5980727	2.5529167
{미국, 검증}	→ {부정인식}	0.2821069	0.5880544	2.4628980
{미국, 이익}	→ {부정인식}	0.1601339	0.5758902	2.3306788

것을 가장 우려하고 있음을 보여준다. 따라서 정부가 국민을 설득할 때는 주변국과의 관계가 훼손되지 않고 경제에 피해가 적다는 점을 집중적으로 알릴 필요가 있다.

소셜 미디어
여론 분석의 어려움

소셜 전략을 수립하고 성과를 분석하기 위해서는 소비자의 구전량과 구전 내용을 파악해야 한다. 특히 빅데이터 기술의 발전으로 소셜 미디어 여론 분석이 가능해졌는데, 이러한 분석 방법론이 최근 많이 활용되고 있다. 그러나 소셜 미디어 여론 분석에도 한계는 있다.

첫째, 소셜 미디어 분석이 확산되면서 나타나는 문제점 중의 하나는 소셜 미디어에서 형성된 여론이 마치 전체 여론을 대표하는 것처럼 오해하도록 만든다는 것이다. 미국의 치킨 샌드위치 전문점 칙필레이Chick-fil-A 사건이 대표적이다. 논란은 2012년 6월 칙필레이 회장 댄 캐쉬가 동성애자 결혼에 반대한다는 인터뷰를 하면서부터 시작됐다. 많은 사람이 소셜 미디어를 통해 칙필레이 회장을 비난했고 불매운동으로까지 이어졌다. 소셜 미디어 상의 여론만 본다면 칙펠레이는 곧 파산할 분위기였다. 그러나 동성애자 결혼을 반대하는 사람들은 이에 대항해 칙필레이 구매운동을 전개했다. 8월 1일 역대 최고 매출액 달성으로까지 이어져 2013년에는 KFC를 앞지르는 결과가 나왔다. 칙필레이에 대한 비판 여론과 불매운동이 오히려 충성도를 강화시키는 역할을 한 것이다.

가요-아베요Gayo-Avello의 연구에 따르면, 대선 후보나 정당에 대한 소셜 미디어 여론과 실제 선거 결과 간에는 상관관계가 존재하지 않는다. 또한 미국의 여론 조사기관 퓨리서치Pew Research의 조사 결과에 따르면, 사람들은 특정 사안을 두고 논쟁할 때 면대면 대화보다 소셜 미디어를 활용하는 경우가 적으며, 소셜 미디어 상의 여론과 자신의 의견이 다를 경우 소셜 미디어에 자신의 의견을 표현하지 않는 것으로 나타났다.

국내 조사에서도 진보 성향을 가진 사람이 보수 성향을 가진 사람보다 SNS를 통해 자신과 다른 정치적 의견에 반박 의견을 적극적으로 밝히는 것으로 나타났다.(슬로우뉴스, 2014년 4월 16일자) 즉 소셜 미디어라는 공간은 특정 사안에 편향되어 있는 여론을 형성하기 쉽기 때문에 전체 여론을 대표하기 어렵고, 실제 시장 반응과는 상반된 결과가 나타날 수 있다.

둘째, 분석 가능한 소셜 미디어 텍스트의 모집단 자체가 줄어들고 있다. 최근 트위터, 페이스북 등 개방형 텍스트 중심의 소셜 미디어 이용이 감소하고 있는 반면, 폐쇄형 소셜 미디어 혹은 인스타그램, 핀터레스트 등의 이미지 중심의 소셜 미디어가 새롭게 부상하고 있다. 그러나 폐쇄형은 분석 자체가 불가능하고, 사생활 보호 차원에서 논란이 되고 있다.

셋째, 소셜 미디어 여론은 조작이 가능하다. 실제로 많은 기업은 자사의 호의적인 여론을 형성하기 위해 댓글 아르바이트나 광고성 게시물 등 여론몰이 활동을 전개한다. 조작된 여론이 소셜 여론 분석 대상에 포함됨에 따라 소비자 여론을 파악하는 데 한계점으로 작용하고 있다.

넷째, 소셜 미디어 상의 여론은 어떤 내용이 얼마나 언급되고 있는지, 즉 '현상'을 파악하는 데는 유효할 수 있으나 그 내용을 본 사람에게 얼마나 영향(주목도, 신뢰도, 태도 변화 등)을 주었는지는 분석할 수 없다.

다섯째, 타깃 관점의 여론 분석이 불가능하다. 온라인 여론 분석의 특성상 개인 정보 보호로 인해 어떤 인구통계적 특성을 가진 사람이 어떤 기업이나 제품, 서비스에 어떤 글을 얼마나 많이 올리고 있는가를 분석하는 것은 불가능하다. 이는 타깃 지향적인 전략 수립에 장애 요인으로 작용한다.

여섯째, 언어 분석의 불완전성이다. 소셜 미디어의 긍/부정 여론 분석은 형태소 분석을 통해 자동적으로 이루어진다. 소셜 미디어의 여론을 빠르게 분석할 수 있다는 장점으로 작용하기도 하지만, 정확하지 않은 분류가 많다는 한계가 있다. 특히 언어 분석에서는 특정 단어가 어떤 맥락에서 사용됐는지, 언어적 뉘앙스 분석이 중요한데 컴퓨터가 정확하게 분석하기 어렵다. 따라서 소셜 미디어에서 주로 사용되는 줄임말이나 신조어 역시 언어 분석의 장애 요인으로 작용한다.

따라서 커뮤니케이션 전략을 수립하기 위해서는 소셜 미디어 여론 분석이 가지고 있는 한계점을 명확하게 인지하고 조심스러운 적용과 해석이 필요하다. 또한 온라인뿐만 아니라 오프라인에서 이루어지고 있는 구전 내용을 통합적으로 분석할 수 있는 조사 방법론이 요구된다. 켈러 페이Keller Fay는 구전 조사의 대안적 방법론으로 24시간 동안 이루어지는 본인의 구전 경험을 모두 기록하도록 하고, 그 기록을 바탕으로 구조화된 질문에 응답하도록 하는 다이어리 어시스트Diary-assisted 서베이를 매일 진행할 것을 제안했다.

이를 통해 구전 여론의 대표 표본성을 확보할 수 있고, 구전의 언급량뿐 아니라 구전 대화의 파급력도 분석할 수 있다. 설문조사에 근거하기 때문에 타깃 관점의 분석과 전략 수립이 용이하며, 응답자 스스로 구전 내용의 긍/부정성을 응답하기 때문에 언어 분석이 가지고 있는 한계에서 벗어날 수 있다.

여론 분석 솔루션,
넷피니언

피알원에서 운영하는 넷피니언^{NETPINION}은 온라인 구전에 영향을 미치는 요소를 분석하는 소셜 미디어 분석 플랫폼으로, 머신러닝 분석을 포함하고 있다. 2010년 개발이 시작되어 소셜 미디어 모니터링 기능을 포함한 통합 온라인 여론 모니터링 분석 전문 서비스이다. 넷피니언은 기존의 블로그와 카페, 지식 검색 등의 일반 웹 게시물뿐 아니라 해외에서만 제공되던 '소셜 모니터링'을 상용화 서비스로 구현했다. 또 제품에 대한 고객의 반응 및 캠페인, 이벤트 등 특정 이슈의 정량적, 정성적 분석이 제공되는 것이 특징이다.

고객사는 이러한 통합 여론 모니터링 분석 과정을 통해 실제로 온라인에서 소비자가 자사 브랜드를 어떻게 평가하고 있는지 현황을 파악해, 대응할 수 있는 최적의 모니터링 솔루션을 제공해왔다. 넷피니언을 통해 분석한 몇 가지 패턴은 다음과 같다.

▶데이터 버즈량 분석

브랜드의 버즈량을 분석할 수 있다. 날짜별, 채널별로 블로그나 인터넷 언론의 댓글별 점유 정도를 파악할 수 있다.

[시기별, 채널별 버즈량 분석]

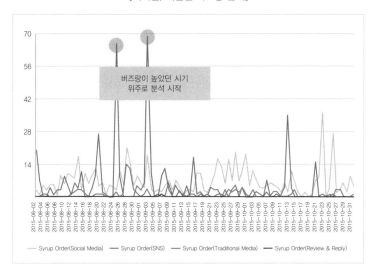

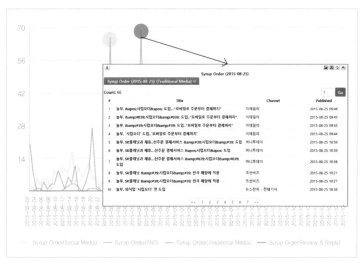

상세 버즈 분석. 각 콘텐츠의 세부 내용을 파악할 수 있다.

▶콘텐츠 유통 경로 분석

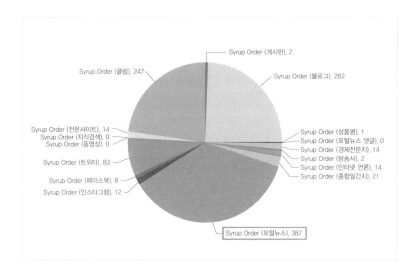

Syrup Order (게시판), 2
Syrup Order (블로그), 262
Syrup Order (클럽), 247
Syrup Order (전문사이트), 14
Syrup Order (지식검색), 0
Syrup Order (동영상), 0
Syrup Order (트위터), 83
Syrup Order (페이스북), 8
Syrup Order (인스타그램), 12
Syrup Order (상품평), 1
Syrup Order (포털뉴스 댓글), 0
Syrup Order (경제전문지), 14
Syrup Order (방송사), 2
Syrup Order (인터넷 언론), 14
Syrup Order (종합일간지), 21
Syrup Order (포털뉴스), 387

2015년 자가용 공유 서비스 '우버'가 택시업계를 위협하다가 정부로부터 불법 영업이라는 철퇴를 맞았다. 당시 대기업 등 IT 업체들은 택시 앱 시장으로 속속 뛰어들었다. 3월에는 다음카카오가 '카카오택시' 앱을 내놓은 데 이어, 4월에는 SK플래닛이 '티맵택시' 서비스를 시작했다. 카카오택시보다 한 달 늦게 출시된 티맵택시는 이용자 확보에서 고전했다. SK플래닛은 SK텔레콤 고객 멤버십 할인과 간편 결제 시스템인 '시럽' 도입 등 할인 이벤트와 서비스 개선에 힘을 기울였으나 이용자의 반응은 신통치 않았다.

업계에서는 당초 티맵을 기반으로 티맵택시가 사업 확장에 속도를 낼 것으로 예상했다. SK텔레콤은 생활 가치 플랫폼 영역에서

O2O, 위치 기반 서비스 등 다양한 사업 분야에서 시너지를 창출하겠다는 포부를 밝혔으나 택시 앱 전쟁은 카카오택시의 승리였다.

2015년 4~7월의 버즈량을 보면, 티맵은 언론 홍보를 중심으로 한 정통적인 홍보 방식을 채택한 반면, 카카오는 댓글이나 맨션 등 개인의 자발적 참여에 의한 입소문이 훨씬 많았다. 출시 3개월의 차이를 보면 카카오택시의 언급량이 8,843건으로 티맵의 1,057건보다 8배 많다. 가장 중요한 시기에 이미 승부가 갈린 것이다. 이 짧은 시기에 인위적인 바이럴은 한계가 있다. 결국 콘텐츠 싸움에서 승패가 나뉘었다.

▶연관 키워드 분석

몇몇 패션 브랜드의 바이럴 분석 결과다. L브랜드는 경쟁사에 비해 바이럴 양이 1만여 건에 이를 정도로 많지만, 연관어 분석을 보면 소녀시대와 같은 연예인 소식이 대부분이다. 반면 경쟁 브랜드는 가방, 선물, 지갑 등 제품 속성에 관한 이야기가 많다. 결국 L 브랜드에 관한 입소문은 관련 모델의 가십성 소식으로, 브랜드 자산의 축적에는 크게 도움이 되지 못했음을 알 수 있다.

아래 그림은 2014년 연말의 어린이 선물 시장에서 경쟁하는 레고, 또봇, 파워레인저 3개 브랜드의 57만 6천여 건의 바이럴 분석 결과다. 연관어 분석에서 레고는 '아빠'가 13,036건으로 가장 높은 반면, 또봇은 '엄마'가 43,505건으로 가장 높다. 특히 레고는 아빠가 많이 찾는 브랜드로 나타났다. 아빠를 대상으로 한 마케팅 활동이 요구되는 상황이다.

[레고, 또봇, 파워레인저 3개 브랜드의 주요 연관어 현황]

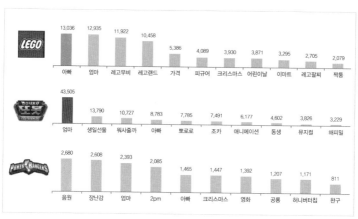

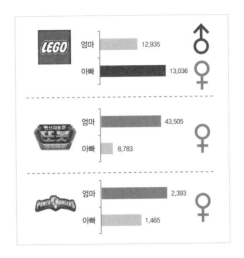

[레고 연관어 분포 현황]

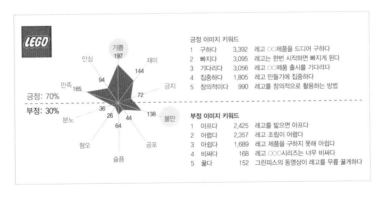

　위 그림은 레고의 긍/부정 분석 결과로, 주로 감정과 관련된 연관어다. 특히 부정어를 보면 아프다, 어렵다 등의 속성과 함께 5위로 '꿇다'가 많이 사용됐다. 이는 그린피스가 셸과 제휴한 레고를 비난하는 동영상에서 나온 표현으로, 위험 관리의 분석과 트래킹이 요구된다.

위험 매니지먼트의 규칙

위험사회에 대응하기 위해서는 위험 매니지먼트가 중요하다. 큰 위험 사이클 아래 사소한 문제 제기에서 갈등이나 쟁점 관리, 위기 관리 등 다양한 문제 해결책이 요구된다. 위기 관리 교안에 자주 등장하는 주의해야 할 사항만 해도 100개가 넘는다. 위험 관리를 위해서는 수많은 관리 규칙이 필요하다. 이 책에서는 가장 유용한 7가지 규칙을 제시한다. 전략적 관점에서 조직과 개인이 위험을 관리할 포인트는 '위기 때보다 더 큰 임팩트를 만들어라', '공중의 관심사에 귀 기울여라', '공중을 파트너로 수용하고 참여시켜라', '골든타임을 놓치지 마라', '언론 매체의 요구를 충족시켜라', '정직하게 공개하라', '계획을 신중하게 세우고 성과를 평가하라'이다.

위기 때보다
더 큰 임팩트를 만들어라

위험 학자들은, 일반인이 지각하는 위험 정도는 그가 겪은 위험 중 임팩트가 큰 몇몇 사건이 휴리스틱하게 기억되어 신념처럼 구축되었기 때문이라고 말한다. 부정적 시각을 개선하기 위해서는 더 강력한 긍정 요인을 심어주어 신념을 바꾸어야 한다. 한번 무너진 신뢰는 돌이키기가 어렵기 때문이다.

2009년 아웃도어 기업인 팀버랜드는 브라질에서 사들이는 가죽이 산림 파괴는 물론 노예 노동자 양산, 아마존의 토착민 방출 등을 야기한다는 그린피스의 비난에 직면했다. 임원들은 브라질에서 구매하는 가죽이 7%에 불과하므로 거래처를 바꾸고 향후 브라질에서 가죽을 사지 않겠다고 선언하는 것으로 재빨리 사건을 종결하자는 태도를 취했다. 하지만 CEO 제프 스워츠는 근본 문제를 해결하지 않고서는 이슈 재발을 막을 수 없다고 생각했다. 그는 그린피스와 협력하여 원산지 추적 시스템을 만들어 환경 훼손 지역에서 가죽을 공급받지 않도록 했다. 그 결과 문제 제기 한 달 만에 그린피스는 팀버랜드의 노력에 경의를 표했다.

맥도날드는 숱한 위기를 겪었다. 2000년대 들어 매출 하락 폭이 커졌다. 무엇보다 팍스 아메리카나Pax Americana와 자본주의의 상징으로 각인된 점이 부정적 요인으로 작용했다. 맥도날드는 전 세계에서 반미 시위가 벌어졌다 하면 시위대로부터 습격당하거나 폭파당했다. 또 웰빙을 추구하는 문화가 생겨나고, 건강에 관심이 높아지면서 햄버거를 '해로운 식품'의 상징으로 여기기 시작했다. 성분이 불확실한 고기와 각종 인공 조미료로 만든 햄버거는 비만의 주범으로 인식되었던 것이다. 2004년에는 맥도날드 햄버거를 먹으며 체중 증가량을 측정한 다큐멘터리 영화 〈슈퍼 사이즈 미^{Super Size Me}〉로 곤혹을 치렀다. 사람들의 기호도 변하기 시작했다. 맥킨지 보고서는 소비자가 거실처럼 안락한 분위기에서 즐길 수 있는 슬로우 푸드^{Slow Food}를 원하고, 햄버거 매장의 딱딱하고 불편한 의자에서 급하게 식사하기를 원하지 않는다는 분석을 내놓았다.

호주에서 태어나 맥도날드에서 아르바이트를 했던 찰리 벨^{Charlie Bell}이 2004년 CEO로 들어왔다. 그는 현지화를 보다 철저하게 점검했다. 소고기를 먹지 않는 인도에서는 채소 햄버거를 내놓았고, 맥주의 나라 독일에서는 세계 최초로 매장 내에서 맥주를 팔았다. 노르웨이에서는 북해산 연어를 이용한 연어 샌드위치를 만들어 판매했고, 한국에서는 전통 음식 김치버거와 불고기버거를 내놓았다.

슬로우푸드가 유행한다는 점을 인정하고 매장 분위기를 바꿨다. 한국 맥도날드도 딱딱한 의자 대신 푹신한 소파로 바꾸어 향기로운 커피와 함께 햄버거를 느긋하게 즐길 수 있도록 했다. 게다가 고칼로리 비만 식품이라는 오명을 씻기 위해 칼로리를 줄인 햄버거를 개발했다. 예컨대 일본에서는 육류가 아닌 두부를 넣은 '일본형' 햄버거도 내놓았다. 샐러드나 달걀 같은 건강 메뉴도 추가했다. 유럽과 미국에서는 10여 가지 샌드위치 메뉴를 도입해 주문 즉

시 그릴로 구워주었다.

소비자의 신뢰를 되찾기 위한 노력도 게을리 하지 않았다. 매장마다 '이동선'을 그어놓고 직원이 30분씩 전자감응기를 들고 화장실 청결 상태부터 냉장고 온도까지 꼼꼼하게 체크하도록 했다. 점검 태도가 불성실하면 전자감응기가 매니저의 휴대폰으로 알려준다. 고객에게 더 좋은 서비스를 제공하자는 취지임에는 말할 필요도 없다. 신상품 발굴 노력이 빛을 발해 맥도날드 커피는 히트 상품이 됐다. 최근에는 "맥도날드에 햄버거를 먹으러 가는 게 아니라 커피를 마시러 간다"고 말하는 사람이 늘어났을 정도다. 하지만 아직도 맥도날드는 위기 상황이다.[60]

공중의 관심사에
귀 기울여라

"우리의 메시지를 전방위로 전달하라"는 원칙이 있다. 개선 의지와 방향성이 결정되면 명확한 커뮤니케이션을 시행한다는 것이다. 전문가는 국내 기업이 오히려 이러한 원칙에 소극적으로 진행하는 경향이 있다고 지적한다.

KFC 말레이시아에서는 음식을 준비하는 과정에서 직원의 역겨운 행동이 동영상으로 촬영되어 물의를 일으켰고, 2013년 영국과 아일랜드의 테스코Tesco를 포함한 여러 슈퍼에서 판매 중인 소고기 버거에서 말고기 DNA가 발견되었다. 두 사건 모두 적극적인 대응으로 위기 관리와 이미지 회복에 성과를 거둔 대표적 사례다.

KFC 말레이시아는 커뮤니케이션팀을 중심으로 신속하게 대응했다. 영어와 말레이어로 제작한 동영상을 유튜브와 페이스북에 공개했고, 고객이 궁금해하는 7개의 문답 탭을 제공했다. 고객의 질문과 제안 사항 탭을 추가로 구성한 온라인 커뮤니케이션에 적극적이었다는 평을 받았다. 테스코는 별도로 '테스코 푸드 뉴스'라는 웹사이트 http://www.tescoplc.com/index.asp?pageid=696#ref_foodnews를 개설해 '약속'이라는 슬로건을 내건 커뮤니케이션 전략으로 눈길을 끌었다.

CEO의 개인 철학과 기준이 '기업의 사고 기준'으로 적용되기도 하지만, 기업이 다양한 이해관계자와 관계를 맺고 사회 구성원으로 자리 잡아 가는 과정에서는 기업만의 '준거틀'이 형성된다. 그리고 기업 구성원은 그것에 부합하는 방향으로 비즈니스 활동과 행위를 하게 된다.

문제는 기업이 겪는 위기 국면이다. 그동안 기업과 사회가 맺었던 우호 관계가 일순간에 끊어지기 때문이다. 변명하고 해명할 것이 아니라 기업이 앞으로 어떻게 해결하고 변화시킬 것인지 고민하고 실행하는 자세가 필요하다. 이를 위해서는 준거틀을 재정립해야 한다.

이때 기업은 새로운 사고의 기준을 만들고, 자기 성찰이라는 반성의 시간을 통해 다시 사회의 구성원으로, 이해관계자의 일원으로 좌표를 설정해야 한다. 일반적으로 위기는 위험과 기회의 조합이다. 위기가 기업에게 주는 기회는 조직의 준거틀을 다시 세우는 일이다. 위기 종료 후 기업의 새로운 이미지와 진로를 갖춰가는 것이 소비자와 균형 관계를 맺는 준거틀이라 할 수 있다. 즉 낡은 관습과 관행은 없는지, 알고도 변화에 저항하는 기득권은 없는지, 내부에서 놓친 실책은 없는지 살펴보는 것이 진정한 위기 개선 프로그램이다.

공중을 파트너로
수용하고 참여시켜라

미국 환경보호청은 위험 관리의 7개 규칙을 제정하여 운영하고 있다. 첫 번째는 공중을 파트너로 수용하고 각종 커뮤니케이션에 우선 참여시키는 것을 원칙으로 삼는다. 이해관계자에게 귀 기울이는 것은 그들의 의견을 조사하여 대응 메시지를 만드는 규제 과정의 모든 단계에서 필수 사항이다.

현재의 조직에서 논란이 되는 위해에 이해관계자의 인지, 선호, 평가, 이해의 중요성을 인식해야 한다. 메시지를 만드는 것은 정부에서 대중으로, 즉 외부로의 정보 전달과 관련이 있다. 그러나 정보를 외부로 전달하는 것 역시 잘 듣는 것과 떼어놓고 생각할 수 없다. 효과적으로 정보를 전달하기 위해서는 절대적으로 사람들의 현재 지식, 믿음, 의견에 정확한 이해가 선결되어야 하기 때문이다.

당신의 생각과 다른 의견을 가진 사람에게 정보를 전달할 때 기억해야 할 첫째 포인트는 잘 듣고 이해하는 것이다. 위해에 관한 조직의 정보를 전달할 때 위해 관리를 기반으로 과학적이고 객관적인 관점을 반영한다는 것은 연구를 통해 알 수 있다. 즉 공공 커뮤니케이션을 수행하지 않으면, 사람들의 평가와 선호에 관심을 기울이지 않은 것으로 보일 위험이 있다.

[미국 환경보호청의 7개 위험 대응 원칙]
- 공중을 파트너로 수용하고 참여시켜라.
- 계획을 신중하게 세우고 성과를 평가하라.
- 공중의 관심사를 귀 기울여라.
- 정직하게 공개하라.
- 신뢰할 수 있는 또 다른 근거를 가져라.
- 공중 매체의 요구를 충족시켜라.
- 명확하고 열정적으로 의사를 전달하라.

골든타임을
놓치지 마라

2014년 초에 발생한 코오롱의 경주 마우나리조트 체육관 붕괴 사건 당시 이웅렬 회장은 사고 발생 9시간 만에 현장에 나타나 유족에게 사과하고 적극적인 대책을 약속했다. 10명이 사망하고 100여 명이 부상한 대형 사고였지만 코오롱의 명성 훼손은 오래지 않아 회복되었다. 빠른 대응이 사태 악화를 최소화시킨 것이다.

1993년 6월 10일 미국 워싱턴 주에서 한 노부부가 개봉되지 않은 다이어트 펩시콜라 캔 속에서 주사바늘이 발견됐다고 신고했다. 이 내용은 시애틀의 한 방송사를 통해 보도되었다. 첫 신고 후 사흘째는 주사바늘이 클리블랜드에서, 나흘째는 뉴올리언스에서 발견됐다. 미국 전역으로 주사바늘 발견 사례가 확산되자 CNN을 비롯해 언론은 경쟁적으로 기사를 다뤘다. 그 과정에서 허위 신고도 속출했다.

사건 발생 나흘 뒤 그레이그 웨더업Craig Weatherup 펩시 CEO와 데이비드 캐슬러David Kessler 미국 식품의약청장이 만났다. 펩시는 제조 과정에서 주사바늘이 들어갔다는 증거는 아직 찾지 못했다고 밝힌 뒤, 다음 날 CEO 직속의 위기관리팀을 구성했다. 먼저 펩시의 공식 해명이 담긴 토킹 포인트talking point를 문서로 만들었다. 수십 명의 담당 직원과 12명의 대변인이 소비자와 수백 곳 언론사의 인터뷰에 대응했다. 특히 생산 과정에서 주사바늘이 들어갈 수 없음을 보여주는 비디오를 자체 제작해 미국 전역의 TV 방송국에 보냈고, 이 영상물은 3억여 시청자가 지켜보았다.

내부에는 위기 관련 뉴스가 제공되어 협력업체와 제조 현장 직원에게 하루 두 번 지침이 전달되었다. 다음 날 사건이 반전됐다.

한 편의점에 설치된 CCTV를 통해 한 사람이 주사바늘을 넣는 모습이 촬영됐다. 웨더업 펩시 CEO는 주요 방송에 직접 출연해 적극적으로 알리고 해명했다. 경찰이 범인을 체포한 뒤 펩시의 잘못이 아니라는 정부의 공식 발표가 나오면서 사건은 마무리되었다.

펩시는 이후 '위기가 종결됐다'는 취지의 광고를 대대적으로 게재했다. 또 이러한 위기 극복이 소비자의 신뢰 덕분이라는 의미로 '소비자를 위한 이벤트*Thanks America*'를 진행했고, 한 달간 할인 행사를 펼쳤다. 또한 소비자 문의와 불만 사항을 처리하는 직통 안내번호도 광고를 통해 전달했다. 그 결과 캠페인 이후 실시한 기업 이미지 조사에서 소비자의 75%가 '펩시가 더욱 좋아졌다'고 응답했다.

펩시의 위기 관리가 돋보인 이유는 무엇일까?

첫째, 빠른 초기 대응이다. CEO가 위기에 숨지 않고 소식을 접한 날 바로 위기관리팀을 구성하여 진두지휘했다. 생산 과정을 언론에 공개한 점도 높이 평가받았다.

둘째, 기업 안팎의 이해당사자를 적극적으로 '관리'했다. 내부에는 관련 이슈를 적극 배포해 커뮤니케이션에 활용토록 했고, 언론과 소비자를 대상으로 전담 인력을 꾸려 성실히 대응했다.

셋째, 주사기 소동이 발생되기 전에 펩시는 10년 가까이 위기 관리 매뉴얼을 업데이트해왔다. 즉 어떤 대응이 필요한지 구성원이 충분히 인지하고 있었다.

넷째, 위기 발생 이후 기업 이미지 회복을 위해 전사적 활동을 시행했다. 광고와 소비자 행사를 적극적으로 전개한 것이다. 물론이 사건으로 펩시는 매출 감소, 캠페인 비용 등 추가 지출로 3,500만 달러를 썼지만 그해 여름 실적은 오히려 전년 대비 7% 상승했다. 이는 당시 5년간 매출액 기준 최고 기록이었다.[61]

비슷한 일은 한국에서도 있었다. 2006년 한 40대 여성이 코카콜라에 농약을 투입하고 "3일 이내에 돈을 주지 않으면 이를 매장에 풀겠다"는 협박성 글을 한국 코카콜라 홈페이지에 올렸다. 코카콜라는 위기관리팀 산하 초기 위기 분석 대응팀을 즉각 가동하고, 경찰청 사이버수사대에 신고했으며, 식약청에 보고하는 등 신속한 조치를 취했다. 그 결과 전남 광주에서 범인이 홈페이지에 접속한 사실이 드러났고, 회사는 사건 발생 3일 만에 이 지역의 60억 원어치에 달하는 코카콜라 페트병 100만 상자를 전량 회수하여 폐기 처분해 피해 발생을 최소화하는 데 주력했다.

사이버수사대를 통해 사건 발생 일주일 만에 범인은 검거됐으나 범인이 식당에 놓고 간 농약 콜라를 식당 주인이 집으로 가져가 냉장고에 보관했고, 이를 아들이 마셔 입원하는 첫 피해는 막지 못했다. 코카콜라는 농약 음독 치료를 전문으로 하는 원광대 병원에 피해자를 입원시켰고, 퇴원까지 한 달여 동안 본사 직원을 파견하여 상주하게 했다. 또한 무직이었던 피해자에게 일자리를 제공하는 등 적극적인 지원 활동을 벌였다.

코카콜라 역사상 독극물 투여 협박 건은 해외에서도 종종 있었지만, 실제로 피해 사례가 발생한 것은 국내 사건이 최초였다. 그러나 코카콜라 위기관리팀의 △초기 위기 분석과 대응 체계 확립

△분 단위 사건일지 기록 △유관 이해당사자(소비자, 정부, 미디어, 임직원 등) 관리 △해당 제품의 회수 △정부 유관 부서와 협의 및 보고 등 신속한 역할이 있었기에 처음 겪었음에도 사태가 크게 번지지 않고 초기에 마무리될 수 있었다.

코카콜라는 사건 종결 후 3일 동안 1,000여 명을 투입해 물량을 100퍼센트 회수했고, 기존의 빨간 뚜껑을 노란 뚜껑으로 교체 생산하며 소비자 이미지 회복에 노력했다. 결과적으로 사건 인지 후 위기 내용을 얼마나 빠르고 정확하게 식약청 등 정부 유관 부서에 보고하고 소비자에게 알리느냐가 해결의 열쇠였다.

언론 매체의
요구를 충족시켜라

최근 독일 정부는 유전공학의 논쟁과 관련하여 미디어의 역할에 많은 연구비를 투자하고 있다. 미디어가 새로운 기술 논쟁에서 핵심적인 역할을 하기 때문이다. 미디어의 과제는 기술과의 상이한 관점, 대안, 상호관계의 설명, 정보 제공에 있다. 따라서 미디어의 보도는 사실의 '실제적 모습'을 제공하고, 조직은 미디어가 어떤 실제를 설명해야 하는지 스스로에게 물어야 한다.

미디어에 잘못 나타난 위험 묘사에 대한 학자들의 비판은 미디어의 기능과 사회적 책임을 서로 다르게 해석한 결과다. 따라서 유전공학과 사회적 수용의 관계는 미디어의 분석 없이는 정확히 설명할 수 없다. 최근 소위 미디어의 '의제 설정 기능'은 사회적으로 인지되는 관심사의 가치 위상에 절대적 영향을 미친다. 그래서 저널리스트와 전문가 간에 나타나는 사회문화적 구조의 차이점 등을 분석해 유전공학의 사회적 수용을 설명하려고 노력한다.

미국에서는 유전자 변형식품의 사회적 수용도가 높다. 그 이유는 어디에 있을까? 독일에서도 구서독 지역의 주민과 구동독 지역의 주민 간에 큰 차이가 있는데, 그 이유는 무엇일까? 유전공학 기술의 수용에서 나타나는 문제를 설명하는 데 필요한 접근 방법은 미디어 이론과 위험 커뮤니케이션에서 찾아야 한다는 의견이 지배적이다. 미디어는 저널리스트의 보도와 사실적 메시지를 통해 개인의 세계관을 형성하고 변화시킨다. 〈투모로우 *The Day After Tomorrow*〉 등의 재난 영화가 좋은 본보기가 된다.

1993년 미국에서 내려진 한 판결이 관심을 불러일으켰다. 핸드폰 사용이 죽음을 초래하는 뇌종양 발생의 원인이 됐다고 한 여성이 주장하면서 휴대폰 제조사와 이동통신사, 판매자를 법원에 고발한 것이다. 법원은 이동통신 기기가 건강을 해칠 수 있다는 위험원으로 인정하여 공적으로 큰 관심을 받았다. 이러한 관심과 미디어의 보도가 지속적으로 이루어지면서 '전자스모그 *elektrosmog*'는 일반적인 위험 주제로 정착됐다. 이 개념은 마치 공기 오염 물질과 기존의 위험 물질, 그리고 이동통신의 전자파처럼 새롭게 등장하는 위험 물질이 건강을 해친다는 사회적 논쟁을 확대시켰다.

[성공적인 언론 관계 커뮤니케이션을 위한 조언]

- 진실을 말하라 : 의도적으로 진실을 왜곡하려 하지 마라.

- 책임을 회피하지 마라 : 그렇다고 방어적이어서도 안 된다.

- 인간적으로 접근하라 : 도움을 주고 동정을 표현하며 이해하려 애써라.

- 언제나 접근이 가능하도록 하라 : 공중의 요구를 들어주어라.

- 알고 있는 확실한 사실만을 제공하라 : 추측하여 말하지 마라.

- 일관되게 말하라 : 협조하고 조정하라.

- 메시지를 알고 메시지에 근거하며 침착하라.

- 기자의 요구를 이해하라.

- 업계 용어를 쓰지 마라 : 명확하고 간결하게 말하라.

- 모르는 것은 인정하라 : 가능할 때 답하라.

- 오프 더 레코드(off the record)라는 말을 하지 마라.

- 신뢰감을 주라.

- 정보를 명확하게 제시하고 부정확한 부분은 즉시 교정하라.

- 부정적이고 문제성 있는 발언은 반복하지 마라.

- 인터뷰할 때는 주도권을 쥐고 적절한 시기에 끝마쳐라.

정직하게
공개하라

　　2015년 메르스 사태 당시 정부는 감염자가 발생한 병원 정보를 상당 기간 공개하지 않았다. 〈뉴스타파〉의 보도에 따르면 중앙메르스관리대책본부는 "기본적으로 병원을 공개할 경우 기존 환자와 해당 병원이 있는 지역주민에게까지 혼란을 초래할 수 있다는 우려로 비공개한 것"이라는 입장이었다. 하지만 그 결과 전염병이 여러 병원으로 확산되는 결과를 낳았다. 특히 정부가 1차 유행의 진원지였던 평택성모병원의 정보를 공개하지 않아 삼성서울병원이 2차 유행의 진원지가 되었다. 세계보건기구 한국합동평가단은 이를 두고 "투명하고 신속한 정보 공개의 실패가 사태를 확산시켰다"고 진단했다.

　　메르스 공포가 증가하자 정부는 언론 창구를 일원화했다. 이것은 정확하지 않은 정보가 확산되는 것을 막기 위한 조치였으나, 오히려 국민의 알 권리를 막는 결과를 가져왔다. 정부는 이것을 핑계로 일일 브리핑을 제외한 모든 외부 취재를 거부했다. 이후 질병관리본부는 비판에 직면하자 트위터를 비공개로 전환하면서 시민과의 적극적인 소통을 피했고, 괴담 유포자를 처벌하겠다고 공포했다. 〈사이언스〉는 질병관리본부가 갑작스럽게 트위터 계정을 비공개로 전환한 점을 언급하며 "소통의 갭을 오히려 늘리면서 메르스 확산 우려를 키웠다"고 지적했다.

　　2013년 포스코 계열사인 포스코에너지의 임원이 기내에서 승무원을 폭행한 사건이 발생했다. 세상을 떠들썩하게 했던 이른바 '라면상무' 사건의 시발이었다. 폭행 사실은 온라인을 통해 확산되었다. 사건이 일단락된 뒤 당시 포스코 회장과 계열사 임원이 '윤리실천다짐대회'를 열었다. 한국갤럽에 의뢰해 진행한 기업 이미지 조사 결과도 발표했다. 응답자의 67.2%가 승무원 폭행 사건은 포스코의 명성을 실추시켰다는 내용이었다.

포스코는 왜 조사 결과를 언론에 전달하고 공개했을까? 가장 정직한 방법으로 사후 이미지 회복 전략을 실행하기 위해서였다. 사건의 파장이 가라앉지 않은 상황에서 실시된 기업 이미지 조사는 누가 봐도 빤한 결과가 예측됐지만, 포스코는 자기반성의 진정성을 보여주기 위해 선택한 것이었다.

CEO를 비롯한 고위 임원의 직접적이고 성찰의 메시지는 포스코 기업 안팎에 사회적 책임을 환기시키며 새로운 방향을 제시하는 계기가 되었다. 대부분의 기업이 위기 이후의 개선 프로그램이 없거나 있어도 이벤트성에 그치는 상황에서 포스코는 자신의 과오를 대중에게 상기시키면서 기업의 가치를 위기 이전 수준으로 되돌리는 효과를 가져왔다. 물론 위기 이후의 이미지 회복을 추진하는 과정에서 스스로 치부를 드러낼 경우 나타날 수 있는 부작용이나 내부 저항도 만만치 않다.

결국 의사결정 책임자의 리더십이 중요하고 한편으로는 이미지 회복 과정이 제대로 전개되지 않았을 때 받는 손실보다 분명한 이득이 있음을 내부적으로 인식해야 한다. 즉 위기 관리 차원의 의사

결정 과정에서는 '브랜드 손실을 최소로 줄이는 방안이 무엇인지', '손상된 브랜드 이미지와 기업 가치를 회복하기 위해 어떤 의사결정을 해야 하는지' 등을 내부에서 공론화하는 과정이 중요하다.

2001년 세계적인 PR회사 플라이쉬먼 힐라드Fleishman Hillard가 일본계 타이어회사 브리지스톤-파이어스톤과 계약을 해지하여 화제가 되었다. 1990년대 파이어스톤 타이어를 장착한 포드 익스플로어 자동차의 전복 사고로 미국에서만 174명이 사망하고 700여 명이 중상을 입은 뒤였다. 플라이쉬먼 힐라드의 관계자는 인터뷰에서 일본인 최고경영자가 노코멘트를 남발하고 자신들의 위기 관리 전략을 신뢰하지 않았기에 실망하고 떠날 수밖에 없었다고 고백했다. 브리지스톤-파이어스톤은 덩치만 컸지 일관된 정책도 없고 책임 회피만 일삼는 회사로, 사태를 수습할 가능성이 적다고 본 것이다.[62]

계획을 신중하게 세우고 성과를 평가하라

위기가 발생하면 기업은 패닉 상태에 빠진다. 위기는 예고 없이 불현듯 발생하기에 대응 방안이 마련되어 있지 않으면 패닉의 정도가 더욱 심각해진다. 휴일 한밤중에 위기가 발생했다는 사실을 알았을 때 어떻게 대처할 것인가, 누구에게 연락할 것인가, 어떤 조치를 취할 것인가 등의 질문에 철저히 준비되어 있는 기업은 그리 많지 않다. 위기 상황에 당황하지 않고 체계적으로 대응하기 위해서는 위기 관리 커뮤니케이션 계획을 사전에 수립하는 것이 중요하다. 여기에는 위기가 발생하면 자문을 구해야 할 전문가 리스트, 내부 위기 커뮤니케이션 방법, 언론 대응 방법, 고객 커뮤니케이션 방법 등의 내용이 포함되어야 한다.

2005년 8월 허리케인 카트리나가 미국 뉴올리언스를 강타했을 때, 위기 관리 계획에 따라 피해를 최소화하고 피해 지역 구호에 앞장섬으로써 고객 신뢰를 회복한 월마트 사례는 위기 관리의 해답을 제시한다. 월마트는 과거의 경영 자료를 통해 위기 발생 시의 대처 방안을 알고 있었고, 위기 관리 계획을 수립하고 있었다. 따라서 월마트는 위기 관리 계획에 따라 신속하게 대응했고, 큰 손실을 입은 많은 업체와 달리 15일 만에 영업을 재개했다. 또한 수해 지원에도 앞장섰다. 이러한 월마트의 위기 관리 능력은 고객의 감동을 이끌어냈고, 기업 이미지가 향상되는 결과를 가져왔다.

[조직 내부 관리를 위한 체크 리스트]

• 위기 상황에서 사장의 역할은 무엇인가?
• 사장이 직접 사고 현장으로 가야 하는가?
• 사장이 본부에서 위기 관리를 해야 하는가?
• 사장이 회사의 대변인 역할을 해야 하는가?
• 사장이 직원에게 연설하는 것이 가능한가?

- 커뮤니케이션 정보를 검토하는 데 있어 내부 법률진의 역할은 무엇인가?

- 외부 법률 조언 기관이 필요한가?

- 누가 내부 커뮤니케이션에 책임을 지는가?

- 사고 현장에서 피해자와 가족, 친구, 언론 매체 등의 정보는 누가 다룰 것인가?

- 이러한 현장에 임명된 사람이 어떻게 적절한 안내와 정보를 획득할 수 있는가?

- 커뮤니케이션 문제에서 조사 당국과의 연락은 누가 취할 것인가?

- 사건과 연결된 정부 기관과는 누가 협력할 것인가?

- 시민의 문의에 누가 대답할 것인가?

- 희생자 가족의 문의에 누가 답할 것인가?

- 사고를 당한 종업원의 가족은 누가 도울 것인가?

- 사고 피해 종업원 중 생존자는 언론사의 취재 대상이 되는데, 그를 누가 지원해야 하는가?

- 언론 매체와의 관계에서 커뮤니케이션 조직 외에 누가 권한을 행사할 수 있는가?

위험을 해소해야 할 사람은
위험을 만든 바로 그 사람

　세월호 참사에서 가습기 살균제 사건에 이르기까지 우리가 얼마나 위험한 세상에 살고 있는지 모두 절감하고 있다. 많은 시민은 세월호가 침몰했을 당시의 무능력함에 몸서리쳤을 것이다. 결과가 너무 참담하여 많은 시민은 집단 우울증을 앓아야 했다. 나 또한 아이들을 구하지 못한 어른으로서의 무기력함에 빠져 한동안 헤어나올 수 없었다. 그리고 오늘까지 수년 동안 권력 주체의 어이없는 사태 수습과 위험 해소 정책 전개 행태를 지켜봐야 했다.

　이들 사건은 평생의 '홍보쟁이'로서 내가 할 수 있는 일을 생각하게 만들었다. 위험 관리 매뉴얼을 제시하고 위험에 대비하자는 여론 환기 등의 커뮤니케이션 방법론, 그리고 정부기관이나 대기업이 왜 위험으로부터 피해를 최소화하는 데 앞장서야 하는지의 논리를 만들어 사회에 제시하는 것이다.

그런 와중에 가습기 살균제 사건이 대두되었고, 또 다시 답답함과 무기력함을 주는 것은 어쩔 수 없었다. 특히 부업이 소비자 문제에 관여하는 일이라 더욱 그러했다. 더욱이 국내 화학회사에서 10여 년 근무하며 홍보와 소비자 담당으로 많은 사례를 직간접적으로 겪어온 사람으로서 조직, 소비자, 미디어 종사자에게 하고픈 이야기가 쌓여갔다.

이것은 정말 있을 수 없는 일이고, 일어나서는 안 되는 일인데 분노가 일어났다. 공정거래위원회, 한국소비자원, 검찰 등 그 많은 '힘 쎈' 국가 기관은 과연 무엇을 하고 있으며, 사건을 일으킨 기업의 종사자는 무슨 생각으로 일하는 것일까? 우리에게 가장 영향을 크게 미치는 위험 지각은 분노라 하지 않는가? 피해자가 어린아이고 임산부, 노약자기 때문에 더 큰 분노가 일어났다. 그래서 다시 책을 보완하고 그에 맞는 자료를 모으고 글을 써 나갔다.

책이 거의 만들어져 가는 와중에 최순실 게이트가 터졌다. 이 사건의 행간에서 그간 숱하게 들어오던 헬조선, 금수저·흙수저 이야기가 보다 실제적으로 다가왔다. 그래서 원고를 다시 매만졌다.

이 위험 문제가 우리 사회에 미치는 파장이 무엇이며, 얼마나 사회를 파국으로 몰아갈 것이며, 빈부 격차가 결국 어떤 결말을 가져올지 주의를 환기시켜야 했다. 그리고 위험사회가 되는 데 일조한 대기업과 권력 주체가 무슨 일을 해야 하는지 자료를 보완했다.

글을 쓰면서 인용할 사례는 무궁무진했다. 사건이 꼬리를 물고 발생했기 때문이다. 소재가 풍부해진 것은, 집필에는 편한 일이지만 역설적으로 위험이 몸서리쳐지는 시대를 살아가고 있다는 서글픈 방증이었다.

최순실 게이트에서 개인적으로 가장 분노가 치민 부분은 그녀의 딸 정유라가 특기장학생으로 이화여대에 입학한 사실이다. "돈도 실력이다. 너희 부모를 원망해"라는 정유라의 말은 서민의 마음에 씻을 수 없는 상처를 주었다. 이 위험한 세상에 불을 지핀 꼴이다.

이 책의 결론은 위험사회의 성찰이다. 결국 위험을 만들어낸 사람이 위험을 해소하는 일에 가장 노력해야 한다. 그러면 당연히 피해자인 일반인의 분노도 사그라들 것이며 위험도 줄어드는 사회가 된다. 하지만 필자는 사회학자가 아니기에 이 문제를 다룰 만큼 필력이 있지 못하다. 그러므로 위험 커뮤니케이션 방법론과 전략으로서의 해소 문제에 집중할 수밖에 없었던 것이 이 책의 한계임을 밝힌다.

부록

[위해 사안의 5분 커뮤니케이션 지침]

1분 : 발생 사안과 정보 전달 대상자를 생각하라

▶정보 전달 대상자를 생각한다 : 그가 현재 위해 사안의 무엇을 알고, 어떻게 생각하고 있는지를 생각하라.
▶정보 전달의 목적이 명확해야 한다 : 설명회, 회의, 인터뷰 뒤에 정보 전달 대상자가 알아야 하고 생각해야 할 것이 무엇인지 생각하라.

2분 : 어떻게 행동해야 할지 생각하라

▶평소대로 행동한다 : 처음부터 끝까지 편안하고, 자신감 있고, 솔직하고, 정직하게 행동하라. 또한 인간적인 부분이나 감정을 일부분 드러내는 것을 두려워하지 말아야 한다.
▶마음을 편안하게 갖는다 : 괴로운 체험이 아니라 사안을 설명하고, 사람들의 생각을 바꿀 수 있는 기회로 여겨라.
▶헌신적이고 성실하게 행동한다 : 발생 사안에 많은 고민과 연구를 했다는 것을 매너와 언변으로 보여주어야 한다.
▶다른 사람이 하고 싶은 말에 주의 깊게 관심을 가지고 답한다 : 다른 사람의 의견이 틀렸을지라도 그 견해와 신념을 존중해야 한다. 당신의 열의는 상대가 문제점을 이해하는 데에 도움

을 주고, 상대의 최대 관심사가 무엇인지 결정하는 데 유용할 것이다.

3분 : 무엇을 말해야 할지 생각하라

▶이해시키고자 하는 핵심 메시지를 결정한다 : 대상자가 당신이 꺼리는 사람이거나 사안에 무지할지라도 친구를 대하듯 설명하라.

▶전달하고자 하는 메시지를 가능한 간략하게 하고 큰 소리로 연습한다 : 메시지를 상대가 기록하고 편집하려 한다면, 단숨에 핵심 의견을 말할 수 있도록 하라.

▶가능하면 시민으로서 개인적 경험이나 견해를 사안과 연결시킨다 : 그럼으로써 청중은 당신이 그들과 공감한다는 것을 알 것이다.

▶주제와 대중의 우려를 설명할 수 있는 능력과 의무를 증명한다 : 당신이 가진 확실한 증거를 진지하게 제시하라.

▶대중의 최대 관심사가 당신의 방법이나 권고 사항에 어떻게 반영됐는지 강조한다 : 그들이 알 수 있는 용어로 장점을 설명하라.

4분 : 어려운 질문과 감정적인 의견 다툼을 어떻게 처리할지 생각하라

▶ 침착하고 긍정적인 모습을 유지한다 : 방어적이거나 공격적인 자세를 취하면 절대 안 된다. 최상의 결과를 확보하기 위해 고안된 접근 방법으로, 확정된 정책임을 단순 명료하게 반복해 설명하라.

▶ 관련 질문과 항의를 당신이 다른 사람의 관심사와 신념을 존중한다는 것을 증명할 수 있는 기회로 이용한다 : 당신의 열의가 논쟁에서 이기기 위한 것이 아니라 도움을 주기 위한 것임을 보여주어라.

5분 : 마지막 순간

▶ 긴장을 풀고 편안한 마음을 갖는다 : 심호흡을 하고 전달할 핵심 메시지에 집중하라.[63]

1. 김영욱(2006), 〈위험사회와 위험 커뮤니케이션 : 위험에 대한 성찰과 커뮤니케이션의 필요성〉, 〈커뮤니케이션 이론〉, 2권 2호, 192~231.

2. 최무영, "과학의 위험성-최무영의 과학이야기", 프레시안(2008.8.14.)
   http://www.pressian.com/news/article.html?no=56649

3. 나무위키, "헬조선", 2016.9.9.
   https://namu.wiki/w/%ED%97%AC%EC%A1%B0%EC%84%A0

4. 주 3 참조.

5. 임현석, "흰 거품만 봐도 덜컥 생활용품 무섭증", 동아일보(A12면 1단, 2016.9.29.)
   http://news.naver.com/main/read.nhn?mode=LSD&mid=sec&oid=020&aid=0003007402&sid1=001

6. 박혜림, "GMO 20년 안전성? 대기업이 만든 허상", 헤럴드경제(2016.10.27.)
   http://www.realfoods.co.kr/realfoods/view.php?ud=20161027000327&sec=01-75-04

7. 정종오, "GMO 표시의무 둘러싸고도 갑론을박", 아시아경제(2016.5.24.)
   http://media.daum.net/series/112718/newsview?newsId=20160524110331407&seriesId=112718

8. Codex(2005), 〈식품안전성 리스크분석(Food Safety Risk Analysis) 매뉴얼〉, 한국코덱스. FAO와 WHO의 산하기구에 있는 CODEX 국제식품규격위원회(Codex Alimentarius Commission)는 1991년과 1993년 총회에서 합동 FAO/WHO 식품 규격, 식품 중 화학물질 및 식품 교역에 관한 회의에서 권고한 리스크 평가 원칙을 근거로 하는 결정을 승인하고, CODEX 하부 분과위원회에서도 동일한 원칙을 적용할 것을 장려했다.(Codex,

2005)

9. 김상기, "메르스 괴담 유포라며 국민과 싸우던 정부⋯자택격리자 집서 종일 인터폰 누르던 기자", 라포르시안(2016.8.31.)

http://www.rapportian.com/n_news/news/view.html?no=28394

10. 이병관(2016), 〈감염병 공중보건 위기, 위험지각, 그리고 미디어〉.

11. 가겨찻집, "찌라시와 선전지 사이", 블로그(2014.12.4.)

http://blog.ohmynews.com/q9447/319263

12. 주형식, "한국 혼든 '이건희 찌라시'⋯美거주 마트 알바생이 썼다", 조선일보(2016.8.26.)

http://news.chosun.com/site/data/html_dir/2016/08/26/2016082600132.html

13. 이세형, "괴담 돌면 문닫을 판⋯기업들 루머 막느라 헛돈 지출", 동아일보(2014.3.14.)

http://news.donga.com/Issue/List/03100000000001/3/03100000000001/20140314/61697213/1

14. 최주호, "아니 땐 굴뚝에 연기나는 연예인 악성루머", 위키트리(2016.3.3.)

http://www.wikitree.co.kr/main/news_view.php?id=251685

15. 니콜라스 디폰조(2012), 〈루머사회〉 5장, 흐름출판.

16. 주 13 참조.

17. 주 15 참조.

18. 선다혜, "다케시마 후원기업 괴담 어디까지 진실인가?", 투데이코리아(2015.6.18.)

19. 주 15 참조.

20. 김봉수 외 4인(2015), 〈평판사회〉, 알에이치코리아.

21. A 앱스토리, "오너리스크, 외국인 매도, 연이은 악재들-위기의 SKT, 돌파구는 있는가", m.post.naver.com(2016.2.23.)

http://m.post.naver.com/viewer/postView.nhn?volumeNo=3628303&me

mberNo=15460786

22. 박준호, "네이처리퍼블릭, 오너리스크에 멍들어가는 직원과 점주들", 브릿
   지경제(2016.5.23.)
   http://m.post.naver.com/viewer/postView.nhn?volumeNo=4310357
   &member No=15470144

23. 조재우, "황제경영과, 오너 리스크", 한국일보(2015.8.14.) http://www.han
   kookilbo.com/v/4112728efedb4e72a49008b5a6181f0a

24. 안재승, "한국 경제 또 하나의 위험 오너 리스크" 한겨레(2016.1.17.)
   http://www.hani.co.kr/arti/opinion/column/726536.html

25. 김영학, "네슬레가 허리를 숙인 이유", E-JOURNAL(2014.10.2.)
   http://www.e-journal.co.kr/rb/?m=bbs&bid=marketing3&uid=325

26. 박혁진, "현대차는 흉기차? 더는 못 참아-현대기아차 악성 댓글 늘자 전담
   팀 만들어 대응", 시사저널(2015.7.22.)
   http://www.sisapress.com/journal/article/141740

27. 진상훈, 변지희, "현대차 내부 제보자 김광호 부장 배신자 낙인 각오했다…
   뿌리부터 바꿔야 산다", 조선비즈(2016.10.18.)
   http://biz.chosun.com/site/data/html_dir/2016/10/18/2016101800027.html

28. 윤성희, "개발 도상국의 생산자들의 희망, 공정 무역", 오마이뉴스(2009.
   12.11.)
   http://www.ohmynews.com/nws_web/view/at_pg.aspx?CNTN_
   CD=A0001279950

29. 남기중, "음성 풀무원 화물연대 파업 '충북 총파업'으로 확대", 충북일보
   (2015.9.16.)
   http://www.inews365.com/news/article.html?no=413611

30. 윤지나, "가짜 원료 백수오 진실공방, 소비자원 vs 내추럴엔도텍", 노컷뉴
   스(2015.4.2.)
   http://www.nocutnews.co.kr/news/4403130

31. 안지영, "밥은 먹었어?…마포대교 자살방지 광고 칭찬받았는데, 투신자는 오히려 6배 증가", 조선Biz(2014.2.20.)

http://biz.chosun.com/site/data/html_dir/2014/02/19/2014021902802.html

32. 임종명, "금연캠페인, 되레 금연 방해…美 연구결과 관심", 뉴시스통신사(2015.11.16.)

http://www.newsis.com/ar_detail/view.html?ar_id=NISX20151108_001040
0926&cID=10201&pID=10200

33. ingppoo, "진퇴양난에 빠진 탄산음료의 끝없는 추락", newspeppermint(2015.10.8.)

http://newspeppermint.com/2015/10/07/soda/

34. 주 33 참조.

35. "코카콜라 첫 비만광고", 미주 중앙일보(2013.1.15.)

http://www.koreadaily.com/news/read.asp?art_id=1570762

36. 동소교, "코카콜라 과학연구 조종한다 밝혀져 : 돈으로 건강 리스크 은폐", 신화망 한국어판(2015.10.13.)

http://kr.xinhuanet.com/2015-10/13/c_134709570.htm

37. 구정은, "콜라는 비만과 상관없다? 미국의 수상한 과학자들", 경향신문(2015.8.10.)

http://news.khan.co.kr/kh_news/khan_art_view.html?artid=20150810111
7501&code=970100

38. Raz Godelnik, "코카콜라, 새 비만퇴치캠페인의 진실", Triple Pundit(2013.1.25.)

http://www.triplepundit.com/2013/01/whats-behind-colas-new-anti-
obesity-campaign/

39. 임준수, "자극적 사랑 얘기하는 코카콜라의 진짜 노림수", 더피알(2016.4.5.)

http://www.the-pr.co.kr/news/articleView.html?idxno=14500

40. 최유진, "코카콜라 새 광고 캠페인 '테이스팅 더 필링'", 디자인정글(2016년 1월호)

41. 전종현, "미디어로 진화하는 브랜드-코카콜라의 코카콜라 저니" 월간디 자인(2015년 5월호)

http://mdesign.designhouse.co.kr/article/article_view/107/70285?per_page=9&sch_txt=

42. 허은선, "맥도날드가 위험에 빠진 이유 : 정크푸드 취급에 유통기한 넘긴 패티, 버거에 이물질 발견까지", company(2015.1.8.)

http://www.econovill.com/news/articleView.html?idxno=230243

43. 김조한, "미디어 플랫폼이 된 일본 맥도날드", IT동아(2016.10.18.)

http://news.naver.com/main/read.nhn?mode=LSD&mid=sec&oid=020&aid=0003012631&sid1=001

44. 백서원, "무너진 '맥도날드', 웰빙으로 회생할까", 공정뉴스(2015.3.16.)

http://www.fairn.co.kr/news/articleView.html?idxno=38449

45. 이동익, "맥도날드, 감자튀김·탄산음료 팔지 않겠다", 더피알(2013.9.27.)

http://www.the-pr.co.kr/news/articleView.html?idxno=8826

46. Charlotte Meredith, "레고의 무릎을 꿇게 한 그린피스의 캠페인 비디오", The Huffington Post UK(2014.10.13)

http://www.huffingtonpost.kr/2014/10/13/story_n_5975028.html

47. 김현정, 조재형(2016년), 〈기업 가치 PR 활동의 PR 역사성이 브랜드 태도와 브랜드 충성도에 미치는 영향에 대한 연구〉, 한국PR학회 홍보학연구 Vol.20.

48. 나무위키, "가습기 살균제 사망사건" 2017.2.8.

https://namu.wiki/w/%EA%B0%80%EC%8A%B5%EA%B8%B0%20%EC%82%B4%EA%B7%A0%EC%A0%9C%20%EC%82%AC%EB%A7%9D%EC%82%AC%EA%B1%B4

49. 유민영, "위험을 피하는 것 자체가 위험…냉철하게 상황 인식하라", 동아

비즈니스리뷰 218호(2016년 12월)

http://www.dongabiz.com/article/view/1203/article_no/7894

50. 주 49 참조.

51. 안종주(2016), 〈빼앗긴 숨 : 최악의 환경비극 가습기살균제 재앙의 진실〉, 한울엠플러스.

52. 주 51 참조.

53. Beck, U.(1992), 〈Risk Society : Towards a New Modernity〉, SAGE Publication, 홍성태 역(1997), 〈위험사회〉, 새물결.

54. 국립독성과학원 위해관리기술연구팀(2007), 〈위해관리자를 위한 리스크 커뮤니케이션 지침서〉, 식품의약품안전청.

55. 황윤제 외 2인(2009), 〈GMO 리스크 커뮤니케이션 전략수립을 위한 정책연구〉 한국농촌경제연구원.

56. 전파과학사, "노벨과 노벨상 제정의 배경", 네이버 블로그(2016.7.13.)

http://blog.naver.com/siencia/220761081646

57. 박현수, "허리케인 카트리나가 주는 세월호 참사의 교훈", 프레시안(2014. 6.16.)

http://www.pressian.com/news/article.html?no=118022

58. 강진모, "ET단상-빅데이터와 소셜미디어 분석", 전자신문(2012.11.27.)

http://www.etnews.com/201211270231?SNS=00002

59. 주 10 참조.

60. 최진순, "기업 이미지 회복하려면 '아픔'을 공유하라", 한국경제(2015. 10.28.)

http://plus.hankyung.com/apps/newsinside.view?aid=201510256729A&category=AA006&isSocialNetworkingService=yes

61. 주 60 참조.

62. 김경해(2001), 〈위기를 극복하는 회사, 위기로 붕괴되는 기업〉, 호형출판.

63. 주 52 참조.

위험사회

1판 1쇄 발행 | 2017년 5월 19일

지은이 | 조재형
펴낸이 | 이동희
펴낸곳 | (주)에이지이십일
디자인 | 롬디

출판등록 | 제2010-000249호(2004. 1. 20)
주소 | 서울시 마포구 성미산로 2길 33 202호 (03996)
전화 | 02-6933-6500 팩스 | 02-6933-6505
홈페이지 | www.eiji21.com
이메일 | book@eiji21.com
ISBN 9788998342319 (03330)